VOM DIRIGIEREN

DEUTSCHER MUSIKRAT

25 Jahre Dirigentenforum
Partnerorchester und -chöre 1991-2016

DIRIGENTENFORUM
FÖRDERPROGRAMM FÜR DEN DIRIGENTISCHEN
NACHWUCHS IN DEUTSCHLAND

Schleswig-Holsteinisches Sinfonieorchester, Flensburg

Philharmonisches Orchester Kiel

Philharmonisches Orchester Vorpommern, Stralsund

Norddeutsche Philharmonie Rostock

Mecklenburgische Staatskapelle Schwerin

NDR Chor, Hamburg

Neubrandenburger Philharmonie

Philharmonisches Orchester Bremerhaven

Hamburger Symphoniker
Ensemble Resonanz, Hamburg

Bremer Philharmoniker

Orchester 1770 Musik-akademie Rheinsberg

Kammerorchester „C. Ph. E. Bach", Berlin
RIAS Kammerchor, Berlin
Chor der Deutschen Oper Berlin
Deutsches Symphonie-Orchester Berlin

ensemberlino vocale Berlin
RIAS Jugendorchester, Berlin
Rundfunkorchester Berlin
Konzerthausorchester, Berlin
Philharmonischer Chor Berlin

NDR Radiophilharmonie, Hannover
Niedersächsisches Staats-orchester Hannover

Osnabrücker Symphonieorchester

Junges Vokalensemble Hannover

Brandenburger Symphoniker, Brandenburg a.d.H.

Brandenburgisches Staatsorchester Frankfurt, Frankfurt (Oder)

Nordwestdeutsche Philharmonie, Herford

Sinfonieorchester Münster

Bielefelder Philharmoniker

Anhaltische Philharmonie Dessau

Philharmonisches Orchester des Staats-theaters Cottbus

Neue Philharmonie Westfalen, Recklingausen

Symphonisches Orchester des Landestheaters Detmold

Jugendsinfonieorchester Sachsen-Anhalt, Halle (Saale)

Essener Philharmoniker

Dortmunder Philharmoniker

Göttinger Symphonie Orchester

Staatskapelle Halle

MDR Sinfonieorchester, Leipzig

Elbland Philharmonie Sachsen, Riesa

Duisburger Philharmoniker

Bochumer Symphoniker

Sinfonieorchester Wuppertal

Orchester der Musikalischen Komödie Leipzig

MDR Rundfunkchor, Leipzig

Dresdner Philharmonie
Singakademie Dresden e.V.

Bergische Symphoniker, Solingen

Staatsorchester Kassel

Deutsches Nationaltheater und Staatskapelle Weimar

Sächsischer Staatsopern-chor Dresden

Staatsoperette Dresden

WDR Sinfonie-orchester, Köln

Concerto Köln

Philharmonie Südwestfalen, Hilchenbach

Landeskapelle Eisenach

Philharmonisches Orchester Altenburg-Gera

WDR Rundfunkchor, Köln

Thüringen Philharmonie Gotha

Thüringisches Kammerorchester Weimar

Jenaer Philharmonie

Robert-Schumann-Phil-harmonie, Chemnitz

Sinfonieorchester Aachen

Beethoven Orchester Bonn

Thüringer Symphoniker Saalfeld-Rudolstadt

Philharmonisches Orchester des Theaters Plauen-Zwickau

Meininger Hofkapelle

Vogtland Philharmonie Greiz/Reichenbach

Staatsorchester Rheinische Philharmonie, Koblenz

Hofer Symphoniker

Frankfurter Kantorei

hr-Sinfonieorchester, Frankfurt a.M.

Hessisches Staatsorchester Wiesbaden

Junge Deutsche Philharmonie, Frankfurt a.M.
Frankfurter Opern- und Museumsorchester
Chor der Oper Fankfurt

Philharmonisches Staats-orchester Mainz

Deutsche Staatsphilharmonie Rheinland-Pfalz, Ludwigshafen

Orchester der Hochschule des Saarlandes für Theater und Musik, Saarbrücken

Deutsche Radio Philharmonie Saarbrücken Kaiserslautern

Philharmonisches Orchester Heidelberg

Nürnberger Symphoniker

KammerChor Saarbrücken

Radio-Sinfonieorchester Stuttgart des SWR

Philharmonisches Orchester Regensburg

Staatsopernchor Stuttgart

Philharmonie Baden-Baden

Kammerchor der HfMDK Stuttgart

Gächinger Kantorei, Stuttgart
Bach-Collegium Stuttgart

Stuttgarter Philharmoniker

Württembergische Philharmonie Reutlingen

bayerische kammerphilharmonie, Augsburg

Symphonieorchester des Bayerischen Rundfunks, München

Münchener Kammerorchester

Freiburger Kammerchor

Studiochor Freiburg

ensemble recherche, Freiburg i.Br.

Orchester des Staatstheaters am Gärtnerplatz, München

Münchner Symphoniker

Südwestdeutsche Philharmonie Konstanz

● Chor
● Orchester

Staatsgrenze
Ländergrenze

Mit freundlicher Unterstützung

miz: Deutsches Musikinformationszentrum

Kartographie: S. Dutzmann
Leipzig, 2016

0   25   50   75   100 km

DIRIGENTENFORUM (Hrsg.)

Vom Dirigieren

Annäherungen an einen Mythos

unter Mitarbeit von
SUSANNE VAN VOLXEM und
SABINE BAYERL

Universitätsverlag
WINTER
Heidelberg

Bibliografische Information der Deutschen Nationalbibliothek
Die Deutsche Nationalbibliothek verzeichnet diese Publikation
in der Deutschen Nationalbibliografie;
detaillierte bibliografische Daten sind im Internet
über *http://dnb.d-nb.de* abrufbar.

Abbildungen auf Vorder- und Rückseite des Covers:
Mirga Gražinytė-Tyla mit Kurt Masur:
© Beethoven-Haus Bonn; Fotos: Barbara Frommann

Das Dirigentenforum wird überwiegend gefördert durch:

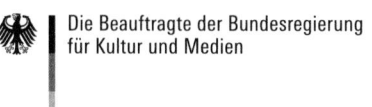

Die Beauftragte der Bundesregierung
für Kultur und Medien

KULTUR
STIFTUNG · DER
LÄNDER

ISBN 978-3-8253-6638-4

© 2016 Universitätsverlag Winter GmbH Heidelberg
Herausgeber: Dirigentenforum, Deutscher Musikrat gemeinnützige Projektgesellschaft mbH
Weberstraße 59, 53113 Bonn
Konzept: Susanne Van Volxem, Sabine Bayerl
Redaktion: Sabine Bayerl
Bildredaktion: Susanne Van Volxem
Imprimé en Allemagne · Printed in Germany
Umschlaggestaltung: Klaus Brecht GmbH, Heidelberg
Druck: Memminger MedienCentrum, 87700 Memmingen

Gedruckt auf umweltfreundlichem, chlorfrei gebleichtem
und alterungsbeständigem Papier

Den Verlag erreichen Sie im Internet unter:
www.winter-verlag.de

Das Dirigentenforum des Deutschen Musikrats erreichen Sie unter:
www.dirigentenforum.de bzw. www.musikrat.de

Inhaltsverzeichnis

ANHANG

Auftakt

LOTHAR ZAGROSEK

Ein Vierteljahrhundert Dirigentenforum – das ist ein stolzes Jubiläum und zugleich eine beispiellose Erfolgsgeschichte, deren jüngster Beweis die Ernennung Mirga Gražinytė-Tylas zur Chefdirigentin des City of Birmingham Symphony Orchestra in der Nachfolge so prominenter Orchesterleiter wie Sir Simon Rattle und Andris Nelsons ist. Zeit also für eine Bilanz, aber auch für einen vorsichtigen Blick in die Zukunft. Wo stehen wir heute in unserer Förderung des dirigentischen Nachwuchses? Was hat sich geändert in den letzten 25 Jahren, wo kann das Dirigentenforum als Korrektiv wirken? Dies sind Fragen, mit denen wir uns permanent auseinandersetzen müssen.

Wie wir wissen, ist Dirigieren – wie jede Kunst – zu einem Gutteil Handwerk. Dieses lässt sich erlernen, wenn man den dafür nötigen Fleiß, Koordinationsfähigkeit, rhythmisches Gespür und noch manch andere technische Voraussetzung mitbringt. Von allen musikalischen Berufen aber ist der des Dirigenten derjenige, bei dem Technik am unwichtigsten ist. Schließlich gibt es ja große Dirigenten, die vor allem kraft ihrer Persönlichkeit überzeugen. Oft werde ich gefragt, welches denn aber die Bedingungen seien, um ein erfolgreicher Dirigent zu werden. Meine Standardantwort lautet zunächst: der unbedingte Wille zum Erfolg. Im selben Atemzug füge ich jedoch hinzu: die Fähigkeit zur Selbstkritik. Erst wenn diese beiden Elemente in Balance gebracht werden, bestehen gute Aussichten auf eine lange Karriere.

Es ist von entscheidender Bedeutung, sehr früh an die Musik herangeführt zu werden – Ausnahmen bestätigen gewiss diese Regel. Unabdingbar ist zudem, dass man einen hohen Qualitätsanspruch vermittelt bekommt, und zwar von Anfang an! An diesem kann man sich dann sein ganzes Berufsleben lang orientieren. Ein Dirigent braucht einen stabilen inneren Kompass. Ich selbst hatte das große Glück, bereits in sehr jungen Jahren Georg Solti begegnet zu sein, unter dem ich – als Mitglied der Regensburger Domspatzen – den 1. Knaben in der ZAUBERFLÖTE in Frankfurt und dann auch bei den Salzburger Festspielen sang. Auf dieses Fundament konnte ich mein Leben lang bauen.

Auch muss man sich frühzeitig entscheiden, ob man eher zum Opern- oder zum Konzertdirigenten tendiert oder ob man sich als Spezialist für

Alte oder Neue Musik begreift, was dennoch umfassende Repertoire-kenntnisse in allen Bereichen – also Oper, Sinfonik, Alte Musik und Neue Musik – keineswegs ausschließt. Das Zeitfenster, in dem solch fundamentale, die Karriere determinierende Entscheidungen getroffen werden müssen, ist erstaunlich schmal. Und dies ist keineswegs eine Ent-wicklung neueren Datums. Bereits Bruno Walter und Gustav Mahler waren mit Anfang 20 »gestandene Dirigenten«.

Nach wie vor sind Wettbewerbe eine ausgezeichnete Gelegenheit für den Dirigiernachwuchs, seine Fähigkeiten unter Beweis zu stellen. Nicht nur, weil man gezwungen ist, eine große Bandbreite von Stücken ein-zustudieren, und sich so *nolens volens* ein Repertoire aneignet, sondern auch, weil man damit neue Kontakte knüpfen und ein Netzwerk aufbau-en kann. Denn auch für Dirigenten und Dirigentinnen ist ein Netzwerk von eminenter Bedeutung.

Den *einen* Weg zum Erfolg gibt es nicht. Doch lassen sich zwei Haupt-routen ausmachen: den »englischen Weg«, der über die Konzertschiene führt, und den eher »deutschen«, in dessen Zentrum die Oper steht (in Deutschland überdies in der speziellen Ausprägung des Kapellmeister-wesens). Daher ist es umso wichtiger, den persönlichen Neigungen zu folgen, ausgehend von der Frage: Was kann ich?

© Christian Nielinger

Lothar Zagrosek

Ein Dirigent muss auf zahlreichen Ebenen aktiv sein und Kompetenz besitzen, zuallererst natürlich im musikalischen Bereich. Es ist eine Binsenweisheit, dass Dirigenten ein Instrument spielen können sollten. Und nicht nur das: Sie sollten es sogar bis zur Konzertreife gebracht haben. Viele berühmte Dirigenten waren zuvor ausgezeichnete Orchestermusiker. Andris Nelsons war Trompeter, Esa-Pekka Salonen Hornist. Oder man ist eben ein »in der Wolle gefärbter« Komponist – das wäre die andere Variante. Der Komponist kennt die Schichten und Verästelungen einer Partitur und kann sie im Idealfall auch vermitteln. Auch einige wenige Sänger reüssieren als Dirigenten, oft sind es jedoch Spezialisten, etwa in der Alten Musik. Hier gibt es herausragende Beispiele wie etwa René Jacobs.

Einem angehenden Dirigenten stellt sich im Unterschied zum Sänger oder Instrumentalisten das Problem, dass er in den seltensten Fällen bereits während der Ausbildung ein Orchester zur Verfügung haben wird und sich daher nur bedingt in seinem Metier ausprobieren kann. Ich kann jedem Dirigier-Aspiranten nur empfehlen, hier selbst aktiv zu werden – etwa, indem er ein Kammerorchester oder einen Chor gründet, um so nicht nur Technik zu trainieren, sondern auch seine *soft skills* auf den Prüfstand zu stellen. Es ist zum Allgemeinplatz geworden, dass auch ein Dirigent über jene außermusikalischen Fähigkeiten verfügen muss, die ihn zu einem echten Partner der Musiker machen und dabei zugleich seine Autorität festigen. Dazu zählt u. a. das Vermögen, andere zu führen. Ein Orchester ist eine Gruppe sehr individueller Musiker, die anzuleiten, ohne Dominanz auszuüben oder Aggressionen zu wecken, keine leichte Aufgabe ist. Die Motivation der Musiker ist dabei das größte Potenzial. Insgesamt sind die Hierarchien heute zwar flacher geworden, dennoch muss auch ein junger Dirigent in der Lage sein, andere von seinen Auffassungen zu überzeugen, wenn er sie nicht idealerweise mit ihnen gemeinsam erarbeitet hat.

Ein wichtiger Punkt wird bei den »Managerqualitäten«, die ein Dirigent haben sollte, gern übersehen: Auch ein Dirigent braucht eine klare kulturpolitische Vision, und dies ist umso wichtiger, je größer das Umfeld ist, die Stadt, in der er arbeitet. Mediale Kompetenz zählt ebenfalls zu den *soft skills*. Damit ist keineswegs die oft monierte Eitelkeit des Dirigenten gemeint, sondern die Fähigkeit, sich in der Öffentlichkeit so darzustellen, dass man glaubwürdig ist und authentisch wirkt.

Wer sich für die Laufbahn des Operndirigenten entscheidet, sollte eine grundlegende Offenheit für aktuelle szenische Entwicklungen mitbringen. Dies bedeutet jedoch nicht, die musikalischen Zügel aus der Hand zu geben. Der Dirigent ist und bleibt die unangefochtene musikalische Autorität einer Opernproduktion. Wie weit man gehen darf, sprich: wie sehr man auf die szenischen Einfälle eines Regisseurs eingehen kann oder auch nicht, lehrt einen im Grunde nur die Erfahrung.

Vieles hat sich gewandelt in den vergangenen 25 Jahren. Die Orchesterlandschaft in Deutschland ist durch den Mauerfall und die Wiedervereinigung eine grundsätzlich andere geworden. Die Globalisierung hat auch vor dem Musikbetrieb nicht Halt gemacht, wenngleich die Klassikszene schon immer international war. Die Konkurrenz ist also viel größer als je zuvor. Aber Wettbewerb hat einer Zunft ja noch nie geschadet. Umso wichtiger für einen jungen Dirigenten oder eine junge Dirigentin ist es daher, sich beizeiten das bereits erwähnte Netzwerk aufzubauen. Journalisten, die positiv über einen schreiben, sind dabei gar nicht so entscheidend – viel wichtiger sind Intendanten, Agenten und Manager, die einen unterstützen, an einen glauben.

Wer weiß, vielleicht ist es ja an der Zeit, das Dirigentenforum umzubenennen – denn inzwischen ist eine Generation beachtlicher Dirigentinnen herangewachsen. Das Dirigentenforum begreift sich dabei als wichtige Plattform der Gleichberechtigung. Auch hier gilt: Authentizität ist extrem wichtig. Eine Frau, die am Pult den Mann »spielt«, wird es nicht leicht haben, sich beim Orchester durchzusetzen.

Wir haben in Deutschland eine unglaublich privilegierte Situation. Die Dichte der subventionierten Bühnen mit festen Ensembles, der Opern-, Konzert- und Schauspielhäuser und der Orchester, die entweder in kommunaler Trägerschaft oder auf Landesebene gefördert werden, ist so hoch wie nirgends sonst auf der Welt. Dennoch ist diese Situation bedroht. Theater und Orchester werden – wie schon einmal von Beginn bis Mitte der 1990er-Jahre – fusioniert oder sogar gänzlich »abgewickelt«, Etats werden eingefroren. Wir müssen uns gegen diese nicht hinnehmbare Entwicklung zur Wehr setzen und können nicht zulassen, dass die Sparauflagen kurzsichtiger, visions- und zum Teil tatsächlich auch kulturferner Politiker einen nicht wieder gutzumachenden Kahlschlag anrichten. Höchste künstlerische Qualität ist ein wesentlicher Faktor zur Sicherung dieser einzigartigen Orchesterlandschaft. Wenn das Dirigentenforum hierzu einen wichtigen Beitrag geleistet hat, so erfüllt mich das mit großem Stolz.

Zu diesem Buch

Vorbemerkung der Herausgeber

Das Buch ist aus dem Wunsch heraus entstanden, das runde Jubiläum des Dirigentenforums gebührend zu feiern. Doch sollte es weder ein vergleichsweise inhaltsloser »Jubelband« werden, der die Geschichte dieser Institution in unzähligen Bildern darstellt, noch eine nüchterne Broschüre voller Daten und Fakten. Wir wollten etwas hervorbringen, das bleibt und das vor allem nicht nur uns, den *inner circle* des Dirigentenforums, interessiert, sondern auch eine breitere Leserschaft – nämlich die begeisterten Zuhörer, die in die Konzerte unserer Stipendiaten und ihrer bereits etablierten Kollegen strömen. Immer wieder haben wir erlebt, dass unser Publikum zwar aus leidenschaftlichen Musikliebhabern besteht, aber oft gar nicht genau weiß, »welche Rolle denn der Herr oder die Dame im Frack da vorne eigentlich spielt«. Woher sollte es auch, ist doch die Beantwortung dieser Frage selbst für Profis eine echte Herausforderung.

So kamen wir auf die Idee, uns dem (vermeintlichen) »Mythos Maestro« aus unterschiedlichen Perspektiven anzunähern und in diesem Buch all diejenigen zu Wort kommen zu lassen, die Tag für Tag mit dem Beruf oder mit seinen Ausübenden in Kontakt stehen: also zum einen die Dirigenten und Dirigentinnen selbst und zum anderen die Musiker, die mit ihnen arbeiten, Instrumentalisten wie Sänger. Und zum dritten die Manager und Macher hinter den Kulissen, ohne die Dirigenten[*] genauso wenig ihrer Profession nachgehen könnten wie ohne Orchester. Nicht zu vergessen natürlich diejenigen, die die Dirigenten ausbilden: die Professoren an den Hochschulen. Eingerahmt werden diese Interviews und Erfahrungsberichte von einem Essay, der sich mit der Historie und philosophischen Dimension des Berufsstandes auseinandersetzt, sowie von einer Art Wirkungsgeschichte des Dirigentenforums, in der einige seiner inzwischen sehr namhaften Stipendiaten und Mentoren ihre Sicht der Dinge schildern. Natürlich sollen auch die Augenmenschen und Faktensammler auf ihre Kosten kommen, weshalb es – dann doch – zahlreiche Fotos und einen umfassenden Anhang in diesem Werk gibt.

Die allerletzten Worte, bevor es endlich *in medias res* geht, sind solche des Dankes: gerichtet an all die Musiker, Manager, Autoren und Fotografen, die sich voller Elan und Engagement an unserem Versuch beteiligt haben, den Schleier des Geheimnisses (vielleicht) zu lüften.

---

[*] Aus Gründen der besseren Lesbarkeit wird in dem vorliegenden Buch zumeist nur die männliche Form verwendet, die weibliche ist dabei selbstverständlich mit eingeschlossen.

Die Hand des Dirigenten: Ferenc Fricsay, 1958

Prospero, wo ist dein Zauberstab?

Der »Mythos Maestro« – Fiktion und Realität

JÜRGEN OTTEN

Mythos und Macht

Es stimmt schon, was die Bibel sagt: Im Anfang war das Wort. Das Wort kreiert Zustände, Zeichen, Empfindungen; und spätestens ab dem Augenblick, wo es, semantisch aufgeladen, zum Begriff emporsteigt, ist es der Beginn von allem, was die Welt in Bewegung versetzt. Natürlich fasziniert nicht jedes Wort *per se*, wenn es Begriff geworden ist; manche verschwinden im Nebel des Ungefähren. Nicht so der Begriff, um den es hier geht. Er besitzt etwas Erhabenes, Schönes, nachgerade Betörend-Mystisches. »Mythos Maestro«, das duftet nach illustrem Geheimnis, nach Unantastbarkeit, nach luzid schimmernder Ferne. Der Charme der Alliteration tut sein Übriges, um den Betrachter in ehrfürchtiger Distanz zu belassen. Einen Mythos geht man nicht ohne Weiteres an. Er ist mächtig, monumental, magisch. Und autonom.

Doch gerade diese Autonomie fordert das Nachdenken über den Mythos heraus. Ist es nicht der Mythos selbst, der das vorgeblich Monumentale seiner fiktiven Gestalt in Zweifel zieht? Und ist nicht der Begriff in sich bereits eine *contradictio in subiecto*, zudem auf groteske Weise falsch gedeutet? Beginnen wir mit einem Experiment und lösen die Worte aus ihrer Umklammerung. Merkwürdig: Ins Einzelne getrieben, verlieren sie sogleich an Höhe. »Maestro«, das klingt plötzlich antiquiert-feudal, mit Patina bestaubt. Und auch die »Mythos«-Säule beginnt, ohne den stützenden Partner, zu wanken. Wir erkennen: Das ist das wahre Wesen des Mythos, seine tatsächliche Bedeutung. Der Mythos existiert, um befragt zu werden, er fordert dieses Befragt-Werden geradezu heraus. Glauben wir dem Kulturanthropologen Klaus Heinrich (und dazu besteht guter Grund, wenn man um die ursprüngliche Bedeutung des griechischen Wortes *mythologein* weiß), dann ist ein Mythos seinem Kern nach ein Erzählen, das »gegen die Fiktion eines heilen Ursprungs mit der Schilderung einer in sich zerrissenen Realität protestiert und realgeschichtliche Konflikte ausspricht, die gerade dadurch weiterwirken, dass sie in philosophischen Konstruktionen verdrängt werden«. Mythos also nicht als heiliger Schein. Sondern ernst zu nehmen als ein Dokument der Gebrochenheit, durch das »die Geschichte der menschlichen Gattung, quer zu allen nachgereichten Beschwichtigungen und Harmonieversprechen«, als ein Prozess kenntlich wird, »der von Anfang an durch einander widerstreitende Intentionen gekennzeichnet ist« (Heinrich). Legen wir diese historische Dialektik zugrunde, ist der »Mythos Maestro« schon seinem Begriffe nach etwas, das sich selbst suspendiert. Und genau an dieser Stelle wird dieser Mythos für uns interessant, sozial wie ästhetisch. Denn nun lassen sich die richtigen Fragen an ihn stellen: Wie real ist dieser Mythos heute noch? Was zeichnet ihn aus? Hält er einer Überprüfung durch die Wirklichkeit stand?

All diese Fragen führen zu einer Schlussfolgerung: Am »Mythos Maestro« darf, soll, muss man kratzen. Nicht aber, um ihn zu beschädigen. Sondern um zu seinem Kern durchzudringen, zu seiner (möglichen) Essenz. Erhellend wirkt in diesem Zusammenhang ein Satz des Philosophen Hans Blumenberg, demzufolge es eine Funktion des

© akg-images

Blick in den Zuschauerraum des alten Metropolitan Opera House:
am Pult Dimitri Mitropoulos, 1951

Mythos ist, »die numinose Unbestimmtheit in die nominale Bestimmt-
heit zu überführen und das Unheimliche vertraut und ansprechbar zu
machen«. Das geht natürlich nur in einer Welt, die nicht von Göttern
beherrscht wird. Befreien wir also die Götter aus ihrem Olymp und
stellen sie, damit der Mythos zum Logos werden kann, den naiv zu verehren unschicklich wäre, neben uns auf die Erde. Und siehe da, schon
spüren wir den ersten Widerhaken. Verehrung ist nicht empirisch. Sie
ist zutiefst subjektiv, irrational. Und selbst in der geschichtlichen Kul-
turwelt des Menschen besitzen die Dinge andere Wertigkeiten für Aufmerksamkeit und Lebensdistanz als in der objektiven Gegenstandswelt
der exakten Wissenschaften. Wollte man den Beweis für diese These
antreten, genügte es, ein Kapitel jenes Buches aufzuschlagen, das den
»Mythos Maestro« wesentlich beförderte: Elias Canettis MASSE UND
MACHT. Canettis darin formulierte Phänomenologie des Dirigenten
war so richtig wie gefährlich. Denn sie bedeutete eine Setzung, an der
sich bis heute jede Betrachtung orientiert. Sogar Theodor W. Adornos
Aufsatz über den Dirigenten und das Orchester (in der EINLEITUNG
IN DIE MUSIKSOZIOLOGIE) rekurrierte zwei Jahre später auf Canettis
Thesen; wenn man so will, bildete er – bewusst oder unbewusst – deren
diskrete dialektische Aufarbeitung. Adorno zog sich wirkungsmächtig
aus der Affäre. Den Schriftsteller zu übertrumpfen, das gelang ihm, bei
aller gedanklichen Brillanz, indes nicht.

Erklären lässt es sich mit der apodiktischen Wucht von Canettis Sät-
zen: »Es gibt keinen anschaulicheren Ausdruck für Macht als die Tätigkeit des Dirigenten (...). Jede Einzelheit seines öffentlichen Verhaltens ist
bezeichnend, was immer er tut, wirft Licht auf die Natur der Macht.«
Nun würde niemand behaupten wollen, Canetti allein habe den Mythos
vom allmächtigen Dirigenten in die Welt gesetzt. Das hat er ganz gewiss
nicht getan, und das war auch nie seine Absicht. Diese lag in der Reflexion, in der Spiegelung von als tatsächlich empfundener Totalität. Denn
der Mythos existierte ja bereits; Canetti nahm dessen Bestehen lediglich
zum Anlass, seine Faszination mit Worten zu fassen, die einerseits ins
Feld des Psychologischen führen, andererseits einen stark kulturanthro-
pologischen Charakter implizieren. Sein Essay beschreibt die Wirklichkeit des Dirigierens ebenso wie die Möglichkeiten, die diese Wirklichkeit
einschließt. Er charakterisiert den Mythos, um ihn zu befragen; weniger,
um an ihm zu rütteln, als vielmehr, um ihn zu zementieren. Mit Canetti
wird der Mythos seinem falschen, erhöhten, idealisierten Sinne nach erst
manifest. Er wird gewissermaßen zu dem, wozu ihn andere späterhin
gemacht haben.

Canetti vermutet im Dirigenten wesentlich eine nietzscheanische
Gestalt, eine Art Zarathustra. Erst seine Einsamkeit macht ihn stark,
hebt ihn hinweg über alle anderen: »Der Dirigent *steht* (...). Er steht

allein (…). Er steht erhöht.« Seine Anordnungen sind die eines Schöpfers: »Diese oder jene Stimme weckt er plötzlich zum Leben durch eine ganz kleine Bewegung, und was immer er will, verstummt. So hat er Macht über Leben und Tod der Stimmen. Eine Stimme, die lange tot ist, kann auf seinen Befehl wiederauferstehen.« Niemand, Gott ausgenommen, der zu solchem Wunder fähig wäre. Und keiner, der eine ähnliche Macht in Händen hielte: »Sein Blick, so intensiv wie möglich, erfasst das ganze Orchester. Jedes Mitglied fühlt sich von ihm gesehen, aber noch mehr von ihm gehört (…). Er ist *allwissend*, denn während die Musiker nur ihre Stimmen vor sich liegen haben, hat er die vollständige Partitur im Kopf oder auf dem Pult. Es ist ihm genau bekannt, was jedem in diesem Augenblick erlaubt ist. Dass er auf alle zusammen achtet, gibt ihm das Ansehen der *Allgegenwärtigkeit*. Er ist sozusagen in jedermanns Kopf. Er weiß, was jeder machen soll, und er weiß auch, was jeder macht. Er, die lebende Sammlung der Gesetze, schaltet über beide Seiten der moralischen Welt. Er gibt an, was geschieht, durch das Gebot seiner Hand, und verhindert, was nicht geschehen soll. Sein Ohr sucht die Luft nach Verbotenem ab. Für das Orchester stellt der Dirigent so tatsächlich das ganze Werk vor, in seiner Gleichzeitigkeit und Aufeinanderfolge, und da während der Aufführung die Welt aus nichts anderem bestehen soll als aus dem Werk, ist er genau so lange der Herrscher der Welt.«

Was, wenn nicht diese Charakterisierung, wäre geeigneter, dem Dirigenten jenen Status zuzuweisen, den er in vielen Fällen für sich selbst beansprucht? Adorno vermutet gerade darin zurecht falschen Lorbeer: »Der Dirigent verdankt seinen Ruhm nicht, sicherlich nicht nur, der Fähigkeit zur Darstellung der Partituren. Er ist eine *imago*, die von Macht, die er sichtbar als herausgehobene Figur und durch schlagende Gestik verkörpert.« Macht, immer wieder Macht. Es sind Fantasien über die Macht, die sich in der Figur des Dirigenten spiegeln; unabhängig von der tatsächlichen Substanz seines Tuns, das weiß auch Adorno, und noch jenseits des Bildes, das man sich von der Macht macht: »Darüber hinaus demonstriert der Dirigent sichtbar seine Führerrolle: das Orchester muss wirklich spielen, wie er befiehlt. Diese *imago* hat zugleich etwas Ansteckendes und, als bloß ästhetische, Nichtiges: die Allüre des Gewaltherrschers entfesselt ein Crescendo, keinen Krieg, und der Zwang, den er ausübt, beruht auf Absprache.«

An diesem Punkt scheiden sich Canetti und Adorno. Während jener die Überlegenheit des Dirigenten auch unabhängig vom Tun seiner Musiker behauptet, erblickt dieser in dessen Abhängigkeit vom Publikum eine zweite Ebene: die der Dialektik von Herr und Knecht. Der Dirigent, so Adorno, symbolisiere Herrschaft »auch durch seine Tracht, in eins die der Herrenschicht und des peitschenschwingenden Stallmeis-

ters im Zirkus; freilich auch die der Oberkellner, schmeichelhaft für
seine Zuhörer: solch ein Herr und unser Diener, mag ihr Unbewusstes
registrieren«. Und noch etwas wird hier registriert: jener Hauch von
Scharlatanerie, der den Dirigenten *eo ipso* umgibt. Dessen magische
Qualitäten, vermutet Adorno, hätten Bestand nur dadurch, dass man
sein herrschaftliches Wesen in die Distanz des ästhetischen Raumes
verlege, dorthin also, wo sie einer Realitätsprüfung nicht standhalten
müssten; wo Auratisches an die Stelle von tatsächlichem Können trete,
wo Suggestion von Leistung diese selbst ersetze. »Leistungen, welche
die Faszinationsfreude dem Dirigenten zuschreibt, vollbringt er zuweilen gar nicht.« Adorno berührt hier einen neuralgischen Punkt:
die Frage nämlich, was wirklich dran ist an der These von der Magie
des Dirigenten, und ob diese zwangsläufig dazu führe, dass *seine* Interpretation grandioser sei als jede andere. Paradigmatisch erzählt der
Mythos-Kritiker die Geschichte eines Geisteskranken, dem seine Familie, um ihm das Gefühl von Anerkennung zu geben, ein Orchester
anmietet, das unter seiner »Leitung« Beethovens Fünfte aufführt. Das
Konzert gerät zu einem Erfolg, der Dirigent sieht sich in seinem Wahn,
er allein sei verantwortlich für seine außerordentliche Qualität, bestätigt. Dabei haben die Orchestermusiker nichts anderes gemacht, als das
vermeintliche Genie zu ignorieren und einfach die Noten zu spielen,
die vor ihnen auf den Pulten standen. Der *idealisierte* Mythos sieht sich
hier beschädigt. Der richtig verstandene Mythos hingegen wird evident
als das, was er tatsächlich *ist*: eine polyvalente Geschichte. Und seien
wir ehrlich: Wer wollte ernsthaft bestreiten, bei einem »Blindtest« nicht
auch einmal grandios danebengelegen und die Wiedergabe einer Mahler-Sinfonie durch ein wenig bekanntes Orchester mit einem wackeren
Provinzkapellmeister an seiner Spitze derjenigen vorgezogen zu haben,
die ein renommiertes, durch einen »großen« Dirigenten angeführtes
Orchester vollbrachte? Wer würde dementieren, dass allein der Name
so manches Dirigenten Bedeutsamkeit suggeriert? Niemand, der vor
solchen Manipulationen *a priori* sicher wäre.

Macht entsteht dort, wo es Menschen gibt, die sich der Macht aus-
setzen, sich ihr fügen und ganz bewusst unterordnen wollen, wissend
oder doch ahnend, dass die Form der Macht nur ein Bild der Macht ab-
gibt, wenngleich kein besonders angenehmes. Tatsache ist: Der Dirigent
übt solche Macht aus. Er zählt zu jenen Menschen, wie Bertrand Russell
sie beschrieben hat. Macht, so Russell, entstehe, wie Herrlichkeit, aus
einem Begehren heraus. »Von den unendlichen Begierden des Menschen
zielen die Wesentlichen nach Macht und Herrlichkeit. Diese sind nicht
identisch, wenn auch eng verbunden: der Ministerpräsident hat mehr
Macht als Herrlichkeit, der König mehr Herrlichkeit als Macht. Im All-
gemeinen führt jedenfalls der Weg zur Herrlichkeit über die Macht.

Dies ist besonders der Fall bei Menschen, die im öffentlichen Leben
tätig sind. Die Begierde nach Herrlichkeit veranlasst daher im wesentlichen die gleichen Handlungen, wie die Begierde nach Macht sie hervor-
bringt, und die zwei Motive mögen aus praktischen Gründen als eines
betrachtet werden.«

Herrlichkeit und Herrschertum: Beide Begriffe entwachsen dem
gleichen Wortstamm. Es ist der Herr, der, hegelianisch gesprochen, den
Knecht erzeugt, wie der Knecht den Herrn erzeugt. Im Verhältnis zwischen Dirigent und Orchester spiegelt sich diese Dialektik, mehr als in
anderen Bereichen der Kunst. Das Eine geht nicht ohne das Andere. Notwendige Voraussetzung ist allerdings der Trieb zur Macht seitens des Dirigenten. Russell zufolge hat dieser Trieb zwei Formen: »eine direkte in
den Führern, eine davon abgeleitete in den Anhängern«. Folgen Menschen
einem »Führer«, so tun sie dies laut Russell »im Hinblick auf die Aneig-
nung von Macht durch die Gruppe, die er befehligt«. Die Tragik liegt darin,
dass diese Menschen (alias: Musiker) in einem solchen Fall fühlen, dass sein
Triumph der ihre sei. Warum? Russells Antwort ist, auf das Psychogramm
eines Orchesters bezogen, kaum von der Hand zu weisen: »Die meisten
Menschen fühlen nicht in sich selbst die notwendige Fähigkeit, ihre Gruppe zum Sieg zu führen, und suchen daher nach einem Befehlshaber, der den
Mut und die Umsicht zu besitzen scheint, die zur Erreichung der Überlegenheit erforderlich scheinen.«

Kunst oder Handwerk?

Das war nicht immer so. Und nochmals ist die Frage zu stellen, worin eigentlich die (hohe) Kunst des Dirigierens besteht, worin ihr Sinn, und was
der Dirigent sei. Ist er wirklich jener von Canetti ersonnene Allmächtige?
Oder doch nur ein Handwerkskünstler, ausgestattet mit der (singulären)
Fähigkeit, eine Hundertschaft von Musikern zu einem Ensemble zu formen, das dem Publikum ein unvergessliches Ereignis zu bescheren im-
stande ist? Und: Ist der »Titan«, wie ihn das 20. Jahrhundert, gleichsam
postjeanpaulisch, noch im Dirigenten sah, überhaupt noch zeitgemäß in
Gesellschaften, die längst demokratischere Ideale verfolgen und diese auch
in den Kunstbetrieb übertragen haben? Basiert nicht das Verständnis von
Musik und ihrer Interpretation heute auf anderen Parametern? Kurzum:
Ist der Dirigent noch als eine Gestalt denkbar, die erhöht nicht nur *steht*,
sondern sich auch so wahrnimmt *und* wahrgenommen wird? Vermag er,
gegen alle Vernunft, immer noch Stimmen zum Leben zu erwecken? Agiert
er tatsächlich, obschon nur auf dem Gebiet der jeweiligen Partitur, die auf
seinem Pult (oder in seinem Kopf) liegt, als »Allwissender«? Oder ist es eine
Scheinmacht, über die er gebietet?

Jean-Baptiste Lully am Hof
von Ludwig XIV., Stich von 1611

Auch hier ergibt sich dialektisches Potenzial. Zwar ist der Begriff des Dirigenten, etymologisch betrachtet, machtaffin – das lateinische Verb *dirigere* bedeutet in der wörtlichen Übertragung »(hin)lenken«, »bestimmen«, »steuern«. Kulturgeschichtlich jedoch eröffnet sich eine andere Perspektive. Beleg ist das TRACTATUS DE MUSICA von Elias Salomon aus dem späten 13. Jahrhundert. Kein Wort darin von Magie, Macht oder Mythos, ganz im Gegenteil: Beschrieben sind die *Pflichten* eines »Dirigenten«, der in erster Linie als Sänger fungierte. Und noch im 15. Jahrhundert gab der Leiter des Sixtinischen Chores üblicherweise den Takt mit einer Papierrolle oder mit einem kurzen, »Sol-Fa« bezeichneten Stab vor. Diese Art des Dirigierens ist bis in die erste Hälfte des 18. Jahrhunderts verbürgt. So sieht man beispielsweise auf einem Gemälde von 1710 Johann Kuhnau, Bachs Vorgänger in Leipzig, als Musiker mit barocktypischer Perücke, wie er, vor einer Gruppe aus Instrumentalisten und Sängern stehend, eine Papierrolle schwingt. Von weiteren Möglichkeiten, das Amt auszuüben, kündet ein Bericht aus dem Jahre 1719. Als »Taktgeber« fungierten – alternativ zu Papierrolle, Stab oder Stock – Faust, Kopf oder Hand. Schon Jean-Baptiste Lully, despotischer Leiter der Kapelle Ludwigs XIV., schlug den Takt mit einem Stock, einem langen Stab oder einem Rohr – auf den Boden! Sein Ensemble kann als Prototyp des modernen Opernorchesters gelten. Die Sänger agierten auf der Bühne, die Instrumentalisten waren tiefer postiert, beide wurden vom Kapellmeister auf dem Podium geleitet. Lully starb bekanntlich im Jahre 1687 in Ausübung seines Amtes. Außer sich vor erregtem Zorn, stieß er sich seinen Stab während eines Konzerts mit voller Wucht in den Fuß. Es bildete sich ein Abszess, Wundbrand trat ein – und wenig später starb der erste »Herrscher der Welt« an den Folgen der Verletzung.

Lullys romantaugliches Ende bedeutete zugleich das Verschwinden dieser Art von Dirigenten. Erst nach dem Tode Bachs und Händels setz-

te eine neue Entwicklung ein,
die schließlich zu dem hinführt,
was Canetti beschreibt. Die Orchester wurden komplexer, der
Dirigent trat wieder stärker in
den Vordergrund. Zugrunde lag
das Konzept von Instrumenten,
die innerhalb des Orchesters
andere Instrumente begleiten.
Melodische und harmonische
Funktionen wurden getrennt,
das Mozart-Orchester war geboren. Da dieser etwa 50-köpfi-
ge »Klang-Körper«, wie er sich
in Mannheim, Dresden, Leipzig,
Berlin und Paris etablierte, in
der Überzahl aus Streichern bestand, verfiel man in Frankreich
auf die Idee, einen Geiger an
seine Spitze zu stellen; die Ausnahme war Berlioz. Ludwig van
Beethoven wiederum entsprach
dem Typus des wild gestikulie-

Hans von Bülow, um 1885

renden, unkontrolliert in seine Materie verstrickten Meisters. Leidenschaft, Tränen, Zerstörung, Ekstase – all diese Extreme versinnbildlichte
der Prometheus unter den Musikern. Sieht man heute ähnliche Hand-
lungsweisen, erscheinen sie weit weniger authentisch. Beethoven schlug
auch deswegen den Takt so heftig, weil er mit zunehmendem Alter immer weniger hörte. Sein unbotmäßiges Gebaren erwuchs nicht aus einem
übertriebenen Hang zur Selbstdarstellung. Es war die pure Verzweiflung
über einen Verlust.

Die Einführung des modernen Taktstocks verdanken wir Louis Spohr,
der 1817 den entscheidenden Schritt vollzog und in französischer Manier
zu dirigieren begann – »mit dem Stäbchen«. Auf Spohr folgte Carl Maria
von Weber, der – wie gleichfalls sein italienischer Widersacher Gaspare
Spontini – ein begnadeter Operndirigent gewesen sein muss. Weber verbesserte die Qualität des Orchesters und führte eine Sitzordnung nach
Stimmgruppen ein: eine fürwahr revolutionäre Tat, die einherging mit
dem Zuwachs an Musikern im Orchester *und* dem gewachsenen Anspruch eines zunehmend bürgerlichen Publikums, das den Dirigenten
aus der Nähe beobachten konnte, da dieser noch frontal zum Auditorium
mitten im (oder hinter dem) Orchester stand. Überliefert ist der Bericht
einer Probe mit Felix Mendelssohn, dem ersten regulären Dirigenten

des Gewandhausorchesters, bei der »mehr als 500 Sänger und Instrumentalisten jedem seiner Blicke folgten und, wie gehorsame Geister, dem Zauberstab dieses Prospero sich fügten«.

In Frankreich hatte diese Faszination auch begriffliche Konsequenzen. Nicht mehr länger sprach man, leicht ironisch, von einem *batteur de mesure*, sondern huldigte jenem machtvollen *maître* (oder auch *chef d'orchestre*), der dem modernen Dirigenten bereits sehr ähnelte. Eine der schillerndsten Figuren auf diesem Parkett war François-Antoine Habeneck, der sein aus mehr als 80 Musikern bestehendes Pariser Orchester vom Konzertmeisterpult aus zu illuminierenden Interpretationen anspornte. Allein, Habeneck war »nur« Dirigent. Hector Berlioz hingegen, der nicht nur für seinen sensiblen Umgang mit den Musikern, sondern vor allem für seinen 50-Zentimeter-Stab berühmt war (Fanny Mendelssohn beschreibt ihn 1843 als einen »unbehauenen, mit der Rinde versehenen, ungeheuren Lindenknüppel«), erlebte die mögliche Magie des *maître* auch in seinen eigenen Werken. Anlässlich einer von ihm 1844 geleiteten Aufführung der »Schwerterweihe« aus LES HUGUENOTS bekundete er jenen Schauder, der Dirigenten zu allen Zeiten überwältigt hat: »Ich selbst wurde, als ich es dirigierte, von einem so heftigen nervösen Zittern gepackt, dass meine Zähne aufeinander schlugen wie im schlimmsten Fieberanfall.«

Hitze ist das eine, Gefallsucht das andere. Und die Gefahr, ihr zu erliegen, enorm. Schon 1836 warnte Robert Schumann in der *Neuen Zeitschrift für Musik* vor der Eitelkeit und Selbstgefälligkeit all jener Dirigenten, die den Taktstock nicht von sich geben wollten, einerseits, weil sie sich beständig dem Publikum zu zeigen beabsichtigten, und zum anderen, um die Tatsache zu verschleiern, dass ein tüchtiges Orchester allein zurechtkomme. Drastischer formulierte es späterhin Carl Flesch. Er nannte die Mentalität des Dirigenten schlichtweg »ein dunkles, abgründiges Kapitel«. Dirigieren, so der Geiger Flesch, verderbe leicht den Charakter, und wenn man es genau überlege, sei dies die einzige musikalische Tätigkeit, bei der ein Schuss Scharlatanerie nicht nur harmlos, sondern absolut notwendig sei! Jenen Dirigenten, die auf Berlioz folgten, mag man dies gleichwohl nicht unterstellen. In Frankreich waren das Jules Pasdeloup, Édouard Colonne und Charles Lamoureux, in Deutschland Richard Wagner, Franz Liszt und Hans von Bülow. Bülow, der auswendig dirigierte, ließ die Musiker der Meininger Hofkapelle stehend spielen und erreichte, wiewohl im persönlichen Umgang herablassend, eine derartige Perfektion, dass Arthur Nikisch sich dazu veranlasst sah, ihn als »Neuschöpfer« zu rühmen. Bülows Hang zur Selbstinszenierung allerdings war beträchtlich: Bevor er den Stab zum Trauermarsch aus Beethovens EROICA hob, ließ er sich auf einem silbernen Tablett schwarze Handschuhe reichen. Der Dirigent als Hohepriester der Kunst.

© akg-images / TT News Agency

Arturo Toscanini, um 1944

Das Zeitalter der Extreme

Mit Bülow und Wagner tritt jener Subjektivismus in die Welt des Dirigierens, der schließlich den »Mythos Maestro« in sein mystisch ange-
wehtes Amt setzen wird. Grundlage bildet Wagners Abhandlung ÜBER
DAS DIRIGIEREN von 1869: Die sachwalterische Präzision Mendelssohns
wird als unflexibel verworfen, die »Melodie« zum Primat erhoben, es
dominiert das Ideal eines Musizierens, welches Nietzsche späterhin als
»wahren Exzess von Contrasten« abkanzeln wird. Als wollte die Zeitge-
schichte dieser Konfliktbildung ihre Ehre erweisen, beginnt wenig später
das »Zeitalter der Extreme«. Extrem sind aber nicht nur die Ansichten,
extrem sind auch die Begabungen. So beschert uns etwa das Jahr 1912 –
nach der Generation der Titanen Nikisch und Klemperer, Toscanini und
Furtwängler sowie des ungarisch-jüdischen Triumvirats Szell, Reiner
und Ormandy (alias Jenő Blau) – gleich sechs Dirigenten von Weltrang:
György Stern, der sich später George Solti nennt, Sergiu Celibidache,
Erich Leinsdorf, Günter Wand, Kurt Sanderling und Igor Markewitsch.

Igor Markewitsch,
1957

© Photo Ingi Paris / akg-images

© akg-images / TT News Agency

Sergiu Celibidache, 1948

Herbert von Karajan, 1966

Pultgötter

Es beginnt das Zeitalter der Pultgötter. Der Dirigent wird zur Ikone seiner selbst, und es ist gewiss kein Zufall, dass diese Idealisierung gerade in jenen Jahren kulminiert, in denen Canetti und Adorno damit beginnen, sich ernsthaft Gedanken zu machen. Insbesondere ein Name befördert den Mythos: Herbert von Karajan ist nicht nur Perfektionist, er gebietet auch über einen enormen Machttrieb. In seiner Person verbinden sich eine fast irreal anmutende dirigentische Dominanz und absolute Hypertrophie. Karajan leitet parallel die Berliner Philharmoniker, die Wiener Staatsoper und die Salzburger Festspiele; er besitzt eine eigene Filmfirma, eine Yacht sowie einen Privatjet. Mit dem Bohemien Leonard Bernstein steht das Pendant sogleich bereit. Während Karajan schon zeitlebens Kult um seine Person betreibt, reklamiert Bernstein, vorletzter der *großen* Dirigenten, die zugleich renommierte Komponisten waren (der *wirklich* letzte ist Pierre Boulez), für sich das Amt des legitimen Popstars unter den Titanen. Was sie eint, ist die Tendenz, den »Mythos Maestro« nach Kräften zu befördern; und es ist vielleicht mehr als ein Wink des Schick-

Leonard Bernstein, 1966

sals, dass sie kurz nacheinander das Zeitliche segnen: Karajan stirbt 1989, Bernstein ein Jahr nach ihm. Der britische Journalist Norman Lebrecht nutzt die Gelegenheit und offeriert in seinem 1991 erschienenen Buch mit dem Titel DER MYTHOS VOM MAESTRO die These, dieser Mythos gehöre dem Marketing einer an großen Namen hängenden Musikindustrie an, deren Einfluss erst mit den Umsätzen der Phonowirtschaft schrumpfen würde – eine Folge der digitalen Revolution. Den philosophischen Kommentar liefert wenige Jahre später der Musikdenker (und Dirigent) Peter Gülke. In einem Essay, worin er die »Verschiebung des präzeptoralen Anspruchs« im Verhältnis zwischen Dirigent und Orchester als »Moment einer demokratisierenden Versachlichung« begrüßt, formte er den poetischen Topos der »Dirigentendämmerung«.

Primus inter Pares

Es ist der Beginn jener antiautoritären »Revolution«, die durch Dirigenten wie Nikolaus Harnoncourt, Claudio Abbado sowie Simon Rattle angestoßen wird und ihre unaufgeregte Fortsetzung in der Generation um Kirill Petrenko und Andris Nelsons findet. Der Dirigent waltet nicht

© akg-images / IMAGNO/Votava

Claudio Abbado, 1998

© akg-images / Marion Kalter

Sir Simon Rattle, 2005

länger als Herrscher der Welt, sondern als demokratisch basierter Primus inter Pares. Seine Aura tastet das nicht an, er steht ja immer noch erhöht und alleine. Nur sein Verhältnis zu den Musikern hat sich gewandelt, was eine Äußerung von Christoph von Dohnányi beinahe süffisant belegt: »Ich stelle mir den sogenannten Maestro so vor, dass er möglichst vorbereitet zu einem Orchester kommt, möglichst viel zu sagen hat, möglichst schnell erkennt, was ein Orchester in der Lage ist zu produzieren, und dass er, so weit das möglich ist, auf freundschaftliche Weise das erreicht, was er erreichen will. Wenn das nicht mehr denkbar ist, muss er auch einmal unfreundlich werden dürfen.« Der Mythos um Personen, so Dohnányi, werde gemacht. »Und im Grunde genommen hat dies die Großen selten wirklich interessiert. Nach außen hin, vielleicht ja, weil man dadurch mehr erreichen kann, aber nach innen habe ich bei großen Musikern eigentlich viel häufiger sehr viel Bescheidenheit erlebt.«

Dohnányi formuliert hier ein Ideal, das sich an der Realität zuweilen reibt. Im Habitus von Dirigenten wie Riccardo Muti, Christian Thielemann, Daniel Barenboim oder Valery Gergiev liegt nach wie vor das Titaneske, nach nietzscheanischer Erhöhung Drängende, kurz: das herrschaftliche Prinzip. Gespeist wird es durch das Diktat weniger des Magischen denn des Merkantilen. Wie die Wirklichkeit uns zeigt, kann

Kirill Petrenko, 2013

selbst ein Mythos ökonomisiert und damit trivialisiert werden. Die beschleunigte Gesellschaft will es, dass genau das geschehen ist. Mit dem Begriff »Mythos Maestro« verbindet sich heute meist nur noch jener Dirigent, der ahasvergleich durch die Welt rast und unterschiedliche (somit: austauschbare) Musiker im Tagestakt zu Höchstleistungen animiert, zugleich natürlich einen lukrativen Plattenvertrag besitzt und Chef von mindestens zwei Orchestern ist. Der Maestro, dergestalt ins Profane abgeglitten, ist ein Dirigent, der wie eine Fata Morgana erscheint: omnipräsent und zugleich unsichtbar. Barenboim und Gergiev sind die »herausragenden« Vertreter dieser Spezies, die mit furchteinflößendem Tempo die Geschicke der Musikwelt lenken und eine Art Hase-und-Igel-Prinzip entwickelt haben. Kaum ist die Kritik dabei, ihr Tun zu reflektieren, sind sie schon wieder anderswo tätig. Die Überproduktion an Interpretation sorgt in beiden Fällen dafür, dass eine rechtmäßige ästhetische Bewertung fast obsolet geworden ist. An die Stelle des »Verweile doch« tritt eine Art beschleunigter Eskapismus, der ästhetische Konzentration durch Konsumption ersetzt.

Die Geisterbeschwörer

Schönheit entsteht aus Erinnerung. Doch die flüchtige Moderne fordert auch auf diesem Terrain ihre Opfer. Der Dirigent sucht die Gegend nicht länger nach verbotenen Tönen ab, sondern nach immer wieder neuen Aufführungsorten, die seinen Ruhm mehren. Und nicht länger gilt, was der Musikjournalist Wolfgang Schreiber über die Magie Celibidaches bemerkte, dass nämlich dieser Künstler in unserer so geschmeidig funktionierenden Musikgeschäftswelt immer mehr zu einem ragenden Monument unbestechlicher, uneinholbarer musikalischer Geisterbeschwörung werde. Geisterbeschwörung in einer entzauberten Welt? Das erscheint als so abwegig, dass es wieder interessant wird. Denn gerade darin scheint ja die Faszination des Dirigenten zu bestehen: dass er die Gesetze des Ökonomischen für sich zu nutzen weiß, indem er sie habituell offenkundig negiert. Jeder Künstler, und also der Dirigent, gehört einem Bereich zu, der zwar soziale Bindungen aufweist (die Aufführung eines Werkes ist ein öffentlicher Akt), der aber zugleich absolut unempirisch ist. In der klassischen Musik kann man Dezibel messen, Dauer, dynamische Ver-

© Patrick Riou / akg-images

Valery Gergiev, 2001

hältnisse; was man aber nicht messen kann, ist Intention und Wirkung einer Interpretation. Musik hat, wie alle Kunst, mit Geschmack in seiner vielfältigsten Form zu tun, sie ist mit wissenschaftlichen Methoden zwar zu analysieren, jedoch nicht in ihrer Gänze zu erfassen. Mit anderen Worten: Der »Mythos Maestro« hat sich womöglich überlebt; zumindest seine Implikationen und Kontexte haben sich stark verändert. Zugleich erinnert er ein wenig an die neunhäuptige Hydra, mit der es der tapfere Herakles zu tun bekam. Kaum hatte er ihr einen der Köpfe abgeschlagen, wuchsen derer zwei nach. Vielleicht ist es das Beste, den Mythos im Auge zu behalten. Aufmerksam. Aber liebevoll. Denn dieser Mythos lebt weiter. Nur eben anders.

© akg-images / Marion Kalter

Daniel Barenboim, 2003

»Auf der Bühne hast du Wunder zu bewirken«

Dirigenten über (Um-)Wege ans Pult und magische Momente

MICHAEL ERNST

Zum Dirigenten geboren?

Niemand wird als Posaunist geboren. Oder als Geiger oder Harfenist. Als Dirigent schon gar nicht. Zu diesem Beruf kommen die meisten Menschen über Umwege. Keiner der Dirigenten, mit denen ich gesprochen habe, der ursprünglich nicht einen anderen Beruf ergreifen wollte. Mit Christian Thielemann gibt es sogar einen – wie man weiß: höchst erfolgreichen – Maestro, der bekennt, seine Karriere ganz ohne Dirigierunterricht gestartet zu haben. Er ist da übrigens nicht der Einzige. Freilich, so räumt der einstige Assistent Herbert von Karajans ein, habe er sich viele andere Dirigenten sehr genau angeschaut.

Hatte das Einfluss auf seinen Dirigierstil? Durchaus, wenn man sich vor Augen führt, wie sich etwa Thielemanns Hand-Werk im Laufe der Jahre verändert hat. War er einst das, was seine Biografin Kläre Warnecke mit der Vokabel »expressionistisch« umschrieb[1] – er selbst gestand in einem Interview, dass er von vielen anderen Zeitgenossen weniger vornehm als »nicht elegant« bezeichnet worden sei –, so wirkt er heute deutlich zurückgenommener in seinen Gesten. Vielleicht sogar eine Spur eleganter.

Doch es geht beim Dirigieren natürlich nicht um Eleganz als Selbstzweck (auch wenn raumhohe Spiegel durchaus wichtige Accessoires zumindest in studentischen Dirigierstübchen sein mögen). Wenn sich dirigentische Gesten verändern, hat das vielmehr mit besserer Werkkenntnis, auch mit Erfahrung (nicht zu verwechseln mit Routine!) sowie – im Falle Thielemanns besonders deutlich – mit der über Jahre gewachsenen Vertrautheit zwischen Dirigent und Orchester zu tun. Thielemanns Vorteil: Zwischen Bayreuth und Berlin, Dresden und Wien kann er sich aussuchen, mit welchen Spitzenorchestern er regelmäßig und sehr konzentriert arbeiten möchte. Man kennt sich – und das ist in diesem Beruf von unschätzbarem Wert.

Doch zurück zur Ausgangsfrage. Wie kommt es, dass einige wenige junge Menschen sich eines Tages am Dirigentenpult wiederfinden und andere, vielleicht ebenso musikalische nicht?

Herbert Blomstedt

Ob der langjährige, im Dezember 2015 verstorbene Gewandhauskapell-
meister Kurt Masur oder der nahezu gleichaltrige Herbert Blomstedt,
von 1998 bis 2005 sein Nachfolger in diesem Amt – beide gelten als Kory-
phäen und haben über Jahrzehnte das internationale Musikleben geprägt,
starteten aber keineswegs geradlinig in ihre Laufbahn. Blomstedt, in den
USA geborener Sohn eines schwedischen Pfarrers, liebäugelte mit dem
Fußball, Masur hingegen (trotz zeitigen Klavier- und Orgelunterrichts)
trat als Elektriker ins väterliche Fachgeschäft ein. Im schlesischen Brieg
hatte er sich in jungen Jahren nur nach dem Gehör das Klavierspielen beigebracht. »Irgendwann wurde ich gefragt, wer mein Klavierlehrer sei. Ich
hatte keinen! Da bekam meine Mutter riesigen Ärger und musste mich
umgehend zum Unterricht schicken.«[2] Bald nahm er Orgelunterricht bei
einer Kantorin in seinem Städtchen, wechselte später zur Musikschule
nach Breslau, dem heutigen Wrocław, und ließ sich dort an Klavier und
Violoncello ausbilden. Die Fehlentwicklung eines Fingers verhinderte
Masurs mögliche Solistenlaufbahn – und sein 1946 in Leipzig begon-
nenes Dirigierstudium brach er nach zwei Jahren ab. Der erfolgreiche
Chef von Dresdner Philharmonie, Gewandhausorchester Leipzig, New
York Philharmonic und London Philharmonic Orchestra sowie dem Orchestre National de France – auch er ein Amateur! Nein, das ist keine
üble Nachrede, diesen Titel gab er sich in scherzhafter Weise mitunter
selbst. Wie sehr er diesem Beruf verbunden war, umschrieb er in unse-

rem letzten Gespräch, einem langen Rückblick auf sein Musikerleben, so:
»Ich liebte die Werke, die ich dirigiert habe, schon bevor ich sie dirigieren
konnte. Bei manchen Kollegen ist es andersrum, die eignen sich ein Werk
erst durch die Noten und bei der Arbeit an.«

Auch Herbert Blomstedt geriet bereits früh in den Bann der Musik,
von dem bis heute sein ganzes Leben geprägt ist. So wuchs er als Knabe
mit Klavier- und Geigenunterricht auf, doch die erwähnte Liebe zum
Fußball war zunächst größer. Erst mit etwa zwölf Jahren habe sich das
schlagartig geändert: »Von da an habe ich jeden Tag gleich nach der Schule
mit großer Begeisterung geübt, die Schulaufgaben kamen erst danach.«[3]
Auslöser für diesen Interessenwandel sei zunächst sein Violinlehrer gewesen, dann aber auch »das perfekte Konzerthaus von Göteborg«, so
Blomstedt. Dort habe er zweimal die Woche im Sinfoniekonzert geses-
sen, immer donnerstags und sonntags. Außerdem wurde an Sonntagen
regelmäßig in der Familie sowie mit Freunden Kammermusik gemacht.
Der weitere Weg war also vorgezeichnet?

Mitnichten: »Selbst an der Musikhochschule Stockholm hatte ich noch
nicht das Ziel, Dirigent zu werden. Ich habe Klavier, Orgel und Violine
gespielt, hatte zunächst überhaupt kein Verhältnis zur Vokalmusik, aber
ein Semester Chorsingen hat mich da absolut bekehrt.« Den ersten An-
stoß hierzu soll übrigens Bachs Kantate SINGET DEM HERRN EIN NEUES
LIED gegeben haben. Herbert Blomstedt war Konzertmeister im Hoch-
schulorchester und begann sich von dieser Position aus allmählich für das
Dirigieren zu interessieren. »Aber nicht das Dirigieren an sich, sondern
die sinfonische Musik war für mich interessant. Als ich zum besseren
Kennenlernen die Dirigentenklasse besuchte, da war es um mich geschehen.« Er wollte so nahe wie möglich an die Musik herankommen, erklärt
er im Rückblick und unterstreicht: »Gewalt über 100 Leute zu haben, das
war nie mein Ziel.«

Ein eher tragisches Ereignis brachte Herbert Blomstedt auf den für
sein Leben so prägenden Kurs: »Als ein Mitglied des Königshauses ver-
starb, sollte ich das DEUTSCHE REQUIEM von Johannes Brahms dirigieren. Es war fantastisch, diese Musik gestalten zu können!« So hat auch
Herbert Blomstedt sich von seinen frühen Träumen – »Ursprünglich
dachte ich, in einem Streichquartett zu spielen, das wäre das Schönste.
Oder Organist zu sein und jeden Sonntag eine Bach-Kantate zu spielen!« – verabschiedet und erst einmal Musikwissenschaften studiert.
»Ich wollte mich auf das Dirigentendasein gut vorbereiten, war sehr
fleißig und erhielt daher ein Stipendium für New York. Dort habe ich
am meisten gelernt, aber nicht an der Uni, sondern bei Proben in der
Carnegie Hall. Diese Stunden mit Arturo Toscanini und Bruno Walter
sind mir unvergesslich geblieben.«

Von Parallelitäten und Schnitten im Leben

Solche und ähnliche Umwege zum Dirigentenberuf gingen auch Maestri jüngerer Generationen. Dass da der Nachwuchs gestandener Dirigenten keine Ausnahme bildet, überrascht auf den ersten Blick, denn in Musikerdynastien à la Järvi, Jurowski und Sanderling müsste den Söhnen und Töchtern eine künstlerische Laufbahn doch in die Wiege gelegt sein. Müsste, wäre da nicht die begründete Sorge vor den übergroßen Fußstapfen, in die man besser nicht hineintritt. Der Schatten eines erfolgreichen Vaters kann durchaus auch abschreckend wirken. Nicht so bei Neeme Järvi, dessen Söhne Kristjan und Paavo den gleichen Weg einschlugen wie er; Tochter Maarika ist Flötistin. Nicht so bei Michail Jurowski, dessen Söhne Dmitri und Vladimir ebenfalls Dirigenten geworden sind; Tochter Maria ist Pianistin. Und auch bei dem legendären Kurt Sanderling – einem bekennenden »Seiteneinsteiger« in diesen Beruf, der die Ansicht vertrat, zum Taktschlagen brauche man kein Studium, Praxis sei die beste Schule – ist das nicht so gewesen: Seine drei Kinder Thomas, Stefan und Michael üben das Dirigentenhandwerk aus.

Mit der Tatsache, dass er nun wie der Vater als Dirigent tätig ist, hat Michael Sanderling zunächst gehadert, wie der Chefdirigent der Dresdner Philharmonie einräumt. »Aufgrund meines familiären Hintergrunds«,

© Marco Borggreve

Michael Sanderling

meint er, »lag dieser Beruf natürlich für mich sehr nahe. Aber es war kein Wunsch, sondern eher ein großer Zufall.«[4] Der 1967 geborene Dirigentensohn wollte genau das nicht sein: ein Dirigentensohn. Er begann mit fünf Jahren, Cello zu spielen, und wurde bereits mit 20 von Kurt Masur als Solocellist ins Leipziger Gewandhausorchester geholt. Als Mitglied im Berliner Kammerorchester hatte er eine gewisse Vorliebe für Ensemblespiel und übernahm wiederholt Einstudierungen. »Das führe ich aber nicht auf die Gene zurück«, betont er. Irgendwann sei »der Schalter umgelegt worden«, hin zum Dirigieren, und für das Cello blieb außer zum Unterrichten kein Platz mehr. Ein deutlicher Schnitt in seinem Musikerleben, verbunden mit nicht unerheblichem Risiko. Sanderling wusste darum, macht aber deutlich: »Ich habe das nie bereut.«

»Die Faszination, die Orchestermusik auf mich schon als Kind ausgeübt hat, hält bis heute an«, erklärt Vladimir Jurowski die frühesten Grundlagen seiner Berufswahl. »Allerdings bin ich lange unsicher gewesen, ob ich Musik komponieren oder zum Klingen bringen will. Die Idee, selbst vor einem Orchester zu stehen, war zunächst auch mit Angst verbunden. Aber ich habe meinen Vater sehr oft im Theater beobachten können, das war stets äußerst hilfreich.«[5] Dennoch studierte der 1972 in Moskau geborene Künstler, seit 2007 Nachfolger von Kurt Masur als Chefdirigent der Londoner Philharmoniker, erst einmal Klavier – sehr nützlich für Blattspiel und Improvisation sei das – und unternahm fakultativ einen vier Jahre während Ausflug zur Orgel. »Das ist eine Liebesbeziehung gewesen, ihr Klang kommt dem Orchester schließlich am nächsten«, begründet er diese Liaison.

Ein Dirigent, der seinen instrumentalen Amouren treu geblieben ist und immer wieder versucht, die unterschiedlichen Professionen miteinander zu verbinden, ist der Israeli Omer Meir Wellber. »Als Kind in Jerusalem hatte ich immer irgendwelche Kompositionen im Kopf, viel Inspiration, obwohl die Musik in unserem familiären Leben gar keine so große Rolle gespielt hat«, erklärt der 1981 in Be'er Sheva im südlichen Teil des Landes Geborene.[6] Doch von klein auf wollte er selbst musizieren, erst Keyboard, dann Akkordeon, später auch Schlagzeug; er hat wohl nie Ruhe gegeben, erhielt frühzeitig Akkordeon- und Klavierunterricht sowie mit zehn Jahren bereits erste Kompositionsstunden. Als Ausnahmedirigent der jüngeren Generation praktiziert der polyglotte Wellber heute seine vielfachen Begabungen, leitet renommierte Orchester, macht als Interpret von sich reden und ist mit seinen Kompositionen in Israel wie im Ausland präsent.

Ebenso wie Omer Meir Wellber erinnert sich auch Sebastian Weigle an eine lehrreiche Assistenzzeit bei Daniel Barenboim. Der heutige GMD der Oper Frankfurt – ab 2004 war er fünf Jahre lang in gleicher Position am Gran Teatre del Liceu in Barcelona verpflichtet – will diese mit reichlich Praxis verbundenen Jahre nicht missen. Denn auch er kam auf Umwegen zu seinem Traumberuf: »Es gibt sicherlich einige ganz wenige Ausnahmen, die mit vier, fünf Jahren schon wissen, dass sie mal Dirigent werden wollen.«[7] Für ihn, den 1961 geborenen Neffen des Dirigenten Jörg-Peter Weigle, galt das nicht. »Ich habe gesungen, seit ich denken kann«, erinnert sich der Kantorensohn. »Das hat mir Augen und Ohren für die Musik geöffnet. Vor allem das Miteinander im chorischen Singen hatte es mir immer schon angetan.« Hausmusik, frühe Klavierstunden und erster Flötenunterricht waren die weiteren Schritte in sein Musikerleben, das Sebastian Weigle nach einer umfassenden Ausbildung als Hornist an der Musikhochschule »Hanns Eisler« zur Berliner Staatskapelle geführt hat, wo er von 1982 bis 1997 als 1. Solohornist tätig war.

Persönlichkeiten wie Heinz Fricke, Otmar Suitner und Siegfried Kurz haben ihn früh geprägt. »Jeder hatte etwas ganz Besonderes zu vermitteln. Ein Begleitgenie sondergleichen ist auch Heinz Rögner gewesen. Doch als Musiker fühlte ich mich im Laufe der Jahre zunehmend ausgebrannt und unterfordert, habe zu wenig Anregungen und Impulse verspürt. Das ist so, wenn man als Instrumentalist nicht nur auf Proben wartet, sondern sich selbst vorbereitet.« So kam es, dass Sebastian Weigle sich bald auf einen Spagat einließ und gleichzeitig als Hornist und Dirigent aktiv war. Erst stand er dem von ihm gegründeten Kammerchor Berlin vor, 1990 dann debütierte er mit dem Neuen Berliner Kammerorchester bei den Salzburger Festspielen als Dirigent und Solist.

»Lange Zeit lief das parallel«, erzählt Weigle, »aber dann kam Daniel Barenboim, und der hat ganz anders, einfach toll gearbeitet. Er wollte wissen, wie seine Schäfchen ›ticken‹, hat sich wirklich für sie interessiert und ihnen große Chancen geboten. Denken Sie nur an Simone Young und Asher Fisch, die sind beide fast gleichzeitig direkt aus der Barenboim-Assistenz in Chefpositionen gelandet.«

Barenboim war es auch, der Sebastian Weigle die Möglichkeit gab, »sein« Orchester zu dirigieren, also jenen Klangkörper, in dem er als Solohornist verpflichtet war. Ein Zwiespalt, gewiss. »Was für ein großes Vertrauen«, staunt Weigle noch heute, muss aber zugleich resümieren: »Um mich herum wurde es im Orchester allmählich immer stiller. Ich war plötzlich nicht mehr einer von denen.« Noch etwa zwei Jahre ging das Doppelleben als Hornist und Dirigent gut, »dann musste ich einen Schnitt machen«. Zunächst sei er noch unsicher gewesen. »Aber«, so fragte er sich, »vielleicht habe ich ja doch etwas zu sagen?« Mit solchen und ähnlichen Überlegungen entließ sich Sebastian Weigle allmählich selbst »aus dem Schutz des Orchesters in die Einsamkeit am Dirigentenpult«. »Daniel Barenboim hat an mich geglaubt, heute versuche ich selber, das auch anderen weiterzugeben.« Bei Wagners MEISTERSINGERN in Mannheim entdeckte Sebastian Weigle ein Talent namens Julien Salemkour.

Der war wenig später auch Barenboim-Assistent und hat seither enorm große Schritte auf der Karriereleiter gemacht.

Sebastian Weigle

Inspiration, die »wunderbare Sache der Musik«

Aber was hat es nun mit der Magie dieses Berufes auf sich, für den es weit mehr als für manch anderen einer inneren Berufung bedarf? Und in welchem Verhältnis stehen beim Dirigieren Intuition und Handwerk? So unterschiedlich die individuellen Biografien, so unterschiedlich fallen die Antworten bei diesem Thema aus. Altmeister Blomstedt gibt sich überzeugt, dass »Magie« überaus wichtig sei, just die könne man aber nicht studieren. »Handwerk *muss* man studieren, gar keine Frage. Verglichen mit der Instrumentalausbildung ist der Beruf des Dirigenten ja relativ modern. Die Orchestermusik ist inzwischen aber so kompliziert, dass gründliches Handwerk unbedingt vonnöten ist.« Zwar könne man auch von schlechten Beispielen lernen, so Blomstedt, doch bleibe Magie etwas, das man entweder ausstrahlt oder wofür man von Geburt an prädestiniert ist. »Wer am Pult aber nur auf sein Charisma vertraut, hat nicht viel Respekt vor dem Orchester.« Überhaupt entwickle sich die Überzeugungskraft eines Dirigenten allmählich, »weil wir ja alle als Mensch reifen«. Von einem großen Analytiker wie Igor Markewitsch habe er selbst sehr viel gelernt, ebenso wie im Rahmen von Salzburger Sommerkursen. Es klingt wie ein Fazit seiner reichen Erfahrungen, wenn Herbert Blomstedt sagt, von der magischen Wirkung eines Dirigenten könne man sich inspirieren, solle sich aber nicht davon leiten lassen.

Sehr ähnlich und doch eine Spur anders reflektiert der vergleichsweise junge Omer Meir Wellber diese Thematik: »Anfangs glauben wir, unser Beruf funktioniert via Technik. Erst im Laufe der Jahre merken wir, das ist vielleicht zu 20 Prozent der Fall. Orchester klingen anders mit mir, sie empfangen etwas aus meiner Klangwelt. Mit einem russischen Dirigenten zum Beispiel würden sie wieder anders klingen, denn die Musiker spüren das ja. Intuition ist also sehr wichtig, wenn sie auf einem guten Fundament steht, aber sie ist nicht am wichtigsten.« Auch mit Begriffen wie »Magie« und »Spontaneität« kann er viel anfangen, sie stehen bei ihm jedoch nicht an erster Stelle. Bei der Arbeit mit einem neuen Orchester müsse jedes Mal zuerst eine Brücke gebaut werden, um die von Natur aus vorhandene Distanz zu überwinden. Dann könne man sich gemeinsam inspirieren lassen, just das sei die »wunderbare Sache der Musik«.

Wellbers »Barenboim-Kollege« Weigle wiederum ist der Ansicht, wirklich magische Augenblicke könne es ausschließlich am Abend im Konzert geben, nicht aber im Probenprozess. »Die Probe ist eine grausame Erdenrealität, da können wir den Musikern nur vermitteln, was während des Konzerts passieren kann. Das spannende Flirren aber entsteht erst am Abend, dann freilich auch mal mit ganz spontanen Momenten.« Er sei schließlich keine Maschine, begründet Sebastian Weigle diese aus Erfahrung gespeiste, grundehrliche Ansicht: »Ich mache als Dirigent nicht immer alles gleich, ich bin flexibel und will es auch sein.«

Michael Sanderling versteht Magie als ein »Grundziel der Musik«, als etwas, »das bei den Ausführenden und ebenso beim Publikum entstehen soll«. Er selbst habe zwar nicht eine Stunde Unterricht gehabt, sehe aber nichtsdestotrotz das handwerkliche Vermögen eines jeden Dirigenten als Voraussetzung an, das der Magie zu dienen habe. »Nach 16 Jahren Orchesterspiel kann ich eigentlich noch immer nicht sagen, wie es geht, dass abends der Funke wirklich überspringt. Aber man weiß ganz genau, wie es nicht geht.« Einmal mehr erinnert er an seinen Freund und sein Vorbild Heinz Rögner, dem er mancherlei Einsicht zu verdanken habe: »Was beim Dirigieren zwischen Hand und Fingerspitze geschieht, das ist für mich das Größte.«

Ein Zauber? Von der Hand ins Orchester weitergereicht? Vladimir Jurowski versucht, Sachlichkeit in dieses Thema zu bringen: »Magie ist ja auch eine Art Handwerk. Man muss es beherrschen, um bestimmte geistige Vorstellungen, die in der Partitur stehen, zu materialisieren. Genau das bedeutet doch Dirigieren, etwas Geistiges zum Klang werden zu lassen.« Ein Teil davon geschehe schon in den Proben, anderes aber könne gar nicht geprobt werden. Gedankenübertragung etwa, die sei ebenso Teil des Musikmachens wie das Erzeugen von Tönen, gehöre also auch mit zum Dirigieren, sei eine ganz spezielle Form des Musizierens, ereigne sich aber vollkommen intuitiv und sei nicht intellektuell zu steuern.

Mindestens 50 Prozent seines Berufes jedoch sei Handwerk, indem man vom Dirigentenpult aus »zwar selbst keine Töne erzeugt, aber andere Menschen auf ganz bestimmte Art und Weise Töne erzeugen lässt. Die besten von uns haben immer eine große Faszination auf Musiker ausgeübt, wodurch im Endeffekt diese Wunder entstehen«, meint Jurowski. Ansonsten würden Orchestermusiker den Mann am Pult nur bedingt brauchen. Es gebe zwar fantastische Handwerker, ohne einen Hauch Magie könnten sie aber keine Wunder entstehen lassen. Das Resümee des weltgewandten Russen klingt wie eine Maxime: »Wenn du auf der Bühne stehst, hast du Wunder zu bewirken. Ansonsten solltest du dich zum Teufel scheren.«

Ähnlich konsequent ist Vladimir Jurowski, der Intellekt und Emotion eng verbindet, wenn es um das Verhältnis von Dirigent und Orchester geht. »Ganz eindeutig« handele es sich dabei um eine »Primus-inter-Pares-Stellung«, schließlich seien die Dirigenten von einer wie auch immer gearteten Musikerversammlung ausgewählt worden, die Leitung zu übernehmen. Er kenne freilich auch die Variante der Partnerschaft im Zusammenwirken mit Solisten. Bei der sei »ein Geben und Nehmen wie in der zwischenmenschlichen Partnerschaft« möglich. Dieses Verhältnis könne sich auch zwischen Dirigent und Orchester einstellen, wenn nämlich Vertrauen und gemeinsame Erfahrungen auf einem Niveau angelangt seien, das ein »wahrhaftes und fruchtbares Miteinander« erzeugt. »Dann ist es, als ob der Dirigent spielen würde und die Musiker würden dirigieren. Dann sind sie wirklich unzertrennlich.«

Auf diese direkte Nähe ist auch Herbert Blomstedt aus, der ohnehin noch nie als despotischer Pultstar galt. »Ich verspüre grundsätzlich Bewunderung für die Orchestermitglieder. Diese Bewunderung fällt mir sehr leicht, denn jeder von ihnen hat etwas, das ich nicht habe. Davon kann ich nur lernen.«

Demut und Disziplin – mal charmant, mal mit Humor

Blomstedt steht kurz vor seinem 90. Geburtstag, den er im Sommer 2017 begehen wird. Sowohl im Gespräch als auch am Dirigentenpult wirkt er aber nach wie vor jugendlich frisch. Geradezu knabenhaft, mitunter sogar – für mich überraschend – eine Spur schelmisch. Und in seinen Worten grundehrlich: »Wenn Sie Musik wirklich lieben, können Sie auch vom Schlechtesten etwas lernen. Vor einem Orchester blicke ich in die Seelen von 100 Musikern, da finde ich Sachen heraus, die man sich gar nicht vorstellen kann.« Diesen natürlichen Respekt habe er bereits als sehr junger Dirigent verinnerlicht. Denn damals, in den 1940er- und 1950er-Jahren, waren die Orchestermitglieder »wie kleine Götter für mich«, hatten mit Großmeistern wie Furtwängler und Toscanini gespielt. »Was kann man solchen Musikern als junger Dirigent überhaupt zeigen?« Begriffe wie »Demut« und »Disziplin« sind für Herbert Blomstedt keine leeren Worte, sie haben als ethische Haltung sein ganzes Leben bestimmt. Bis heute strahlt er das aus, im Gespräch ebenso wie in der Musik.

Etwas wie Demut klingt auch bei Omer Meir Wellber an, der bekennt, lieber mit wenigen Orchestern sehr intensiv zu arbeiten, als mit vielen nur an der Oberfläche zu bleiben. »Es gibt da zwei Welten. Die eine bekommst du als Gastdirigent in Form einer sehr starken Freundschaft für vielleicht drei, vier, fünf Tage. Die andere erhältst du dir als Orchesterleiter über eine lange Periode.« Im Gegensatz zu manch anderen Gastdirigenten ist Wellber stets vom ersten Tag an vor Ort und bleibt sowohl für Konzerte als auch für Opern den gesamten Probenzeitraum am Haus.

Die Zusammenarbeit mit einem Orchester sei für ihn immer ein Geben und Nehmen, wichtig dabei sei »eine offene Kommunikation, dann können wir alles erreichen«. Vielleicht auch Telepathie? »Ja, auch Telepathie. Aber zuerst brauchen wie Energie, Strenge und Technik im Probenprozess. Das steht immer am Anfang. Dann kommt Inspiration hinzu, um gemeinsam zu fühlen. Erst dann können wir wirklich beginnen.« Wellbers Credo ist so einleuchtend wie anspruchsvoll zugleich: »Als Dirigent solltest du möglichst wenig machen mit möglichst viel Resultat. Immer aktiv und passiv zugleich sein!«

Eine Mischung aus Zwang und Empfehlung praktiziert Sebastian Weigle. Sein Verhältnis zu den Orchestern umschreibt er als »distanziert freundschaftlich«. In fast jedem Klangkörper trifft er heute auf Musiker, mit denen er früher Kammermusik gemacht hat. Schon aus diesem Grund brauche es eine gewisse Distanziertheit. Er sehe sich »zwar nicht als Despot, am Pult aber doch als Alleinherrscher«, denn: »Ich gehe los, gebe etwas vor, breche ab und muss sagen, warum.« Das alles könne »mal charmant, mal auch mit schwarzem Humor« vorgebracht werden. Doch auch wenn er selbst ein harmoniesüchtiger Mensch sei – manchmal müsse er »Verkehrspolizist spielen«, damit wichtige »Grundprinzipien im Verhältnis zwischen Dirigent und Orchester« eingehalten würden. Seine Erfahrungen aus der Kammermusik kommen ihm dabei sehr zugute. Auch hier aber gilt: »Der Ton macht die Musik.« Und der dient auf kommunikativer Ebene immer der Funktion des Dirigenten »als Sachwalter der Komponisten«.

Eine ähnliche Bescheidenheit spricht auch aus Michael Sanderling. »Durch die eigene Orchesterarbeit habe ich das große Glück, an Einfühlungsvermögen gewonnen zu haben. Man sagt mir nach, dass ich die Sprache eines Orchesters verstehe und sie auch selbst spreche. Darin ist aber auch eine gewisse Kritik enthalten, dass wir uns mitunter womöglich zu nahe sind.« Sinnbildlich beschreibt Sanderling das gemeinsame Ziel von Dirigent und Orchester: »Wir sind nur Propheten, um das Werk unserer Götter, der Komponisten, möglichst authentisch an den Mann zu bringen, an das Publikum also.« Wollten die Dirigenten freilich selbst »Gott« oder »Götter« sein, hätten sie eine Grenze weit überschritten.

Auch in Interpretationsfragen sieht sich Sanderling weitgehend als »Interessenvertreter der Komponisten.« Und natürlich sei seine Ansicht nicht immer identisch mit der aller Orchestermitglieder. »In der Regel funktioniert das nur mit einem ausgeprägten Wir-Gedanken, ansonsten entsteht eine Form von mehr oder weniger professionellem Drill.« Dass bei der Vermittlung eines Interpretationsansatzes auch mal »unbequeme Wege« beschritten würden, die »zum Teil auch mit Schmerz verbunden« sein könnten, steht für ihn außer Frage. »Wichtig ist doch, dass am Schluss alle dankbar sind für den Weg, den man gemeinsam gegangen ist.«

Das Gemeinsame betont auch Vladimir Jurowski, der sich am Pult hauptsächlich als Vermittler sieht, »um Zusammenhänge zu erschließen, die der einzelne Musiker aus seiner Stimme heraus gar nicht sehen kann«. Seine Aufgabe als Dirigent sei »das organische Verschmelzen all dessen, was die Orchestermusiker mit ihrer gut vorbereiteten Partie anbieten«, das füge sich schließlich »nicht reibungslos in das große Ganze«. Er versteht sich da als eine Art Trainer oder Regisseur, nicht aber als Dompteur, ein Begriff, dem in seinen Augen etwas Erniedrigendes anhaftet. »Ich sehe eher das Bild eines Schiffes oder einer ganzen Flotte auf dem Meer. Da hat jeder eine bestimmte Aufgabe, die er erfüllen muss, sonst gehen wir alle zusammen unter.« In diesem Zusammenhang erinnert Jurowski daran, dass das Herangehen eines Dirigenten an seine Arbeit stets vom Werk abhängt und immer unterschiedlich ist: »Bei Beethoven oder Brahms etwa sind wir lediglich Animateure oder Inspiratoren und können nur etwas Geistiges vermitteln, weil die Technik hier ja weitgehend klar ist. Es sei denn, ich stehe vor einem hochqualifizierten Jugendorchester, da muss alles erklärt werden.« In solchen Fällen spiele er gerne den Lehrer, den er in der Arbeit mit gestandenen Orchestern selbstverständlich nicht geben muss.

Dass aber auch Dirigenten selbst stets Lernende bleiben, hebt Omer Meir Wellber hervor: »Wir können immer etwas lernen, deswegen gehe ich mindestens einmal im Monat ins Konzert.« Er ist ein Mann, der zuhören kann, ebenso im Gespräch, und hat auch dafür eine gute Begründung: »Wer sich seiner Sache sicher ist, kann generös sein.« Was freilich nicht für Stillstand stehen soll, so Wellber. »Ich bin ständig auf der Suche, das ist mir sehr wichtig für die musikalische Sprache und den bestmöglichen Ausdruck.«

Musik *und* Bühne

Am Musiktheater, wo zur Musik weitere Genres der darstellenden Künste hinzukommen, scheiden sich bekanntlich die Geister. Stichwort »Regietheater« (ohnehin ein beständiges Missverständnis, denn Theater ohne Regie ist schließlich kein Theater). Man sieht nur, was man hört, und man hört nur, was man sieht? Das wäre der Idealfall.

Wie aber positionieren sich die Dirigenten in diesem Punkt, die Sachwalter der Musik? Herbert Blomstedt bleibt da sehr gelassen: »Ich habe nicht häufig Oper gemacht, eigentlich nur in meiner Dresdner Zeit, für die ich sehr dankbar bin. Denn da konnte ich von Harry Kupfer viel lernen. Er hat zwar von den Sängern eine Menge verlangt, aber das war immer musikalisch motiviert. Er ist da sehr sensibel gewesen.« Diese Zusammenarbeit liegt lange zurück, Blomstedt strahlt aber noch immer eine tief verinnerlichte Freude darüber aus, dass »etwas sehr Schönes dabei herauskommen kann, wenn das Verhältnis von Regisseur und Dirigent so gut ist«. Prinzipiell sehe er allerdings beide in der Verantwortung, »möglichst viel im Sinne des Komponisten« zu leisten. In der Oper dürfe man keinesfalls von der Musik ablenken.

Von dem Prinzip »Prima la musica« sei man heute weit entfernt, meint Sebastian Weigle. »Das Publikum will sich verzaubern lassen, die Leute reden viel über Theater, also über die Szene, und nur sehr wenig über Musik.« Er selbst habe mit großem Vergnügen auch schon mal in die Regie eingegriffen. »Ein gleichberechtigtes Verständnis von Musik und Theater im Musiktheater geht für mich in die richtige Richtung; bisher habe ich noch mit jedem Regisseur eine gute Lösung gefunden.«

Eine ähnliche Haltung vertritt auch Michael Sanderling: »Regie und Musik müssen ineinandergreifen. Probleme gibt es meist dann, wenn die Regie etwas will, das die Partitur gar nicht hergibt.« Er selbst blicke auf recht wenige, »aber glückliche Erfahrungen« im Musiktheater zurück. »Bisher habe ich nur mit Regisseuren gearbeitet, denen die Partituren ebenso gut vertraut waren wie mir.«

Vladimir Jurowski

Ein einziges Mal hatte Omer Meir Wellber nicht dieses Glück, verrät er, sondern traf auf einen Regieansatz, mit dem er nichts habe anfangen können. »Diese Produktion habe ich abgesagt, ich hätte sonst ein paar Monate meines Lebens mit einem faulen Kompromiss leben müssen.« In allen anderen Fällen ist der an vielen Opernhäusern gefragte Dirigent zufrieden gewesen, was gewiss mit daran liegt, dass er sich stets schon ein, zwei Jahre vorab mit dem Regieteam bespricht. »Das ist auch der Grund dafür, dass ich alle Proben besuche, so gibt es weder Überraschungen noch Ängste. Für mich stellt sich nie die Frage, Musik *oder* Bühne, nein, es geht immer nur um Musik *und* Bühne. Alles andere wäre infantil.« Übrigens, so betont Wellber, entscheide auch das Dirigat über die Bühnenwirkung, denn wenn er schneller oder langsamer werde, gestalte er wesentlich mit.

Als echte Partnerschaft, so versteht Vladimir Jurowski das Verhältnis von Dirigent und Regisseur, was jedoch keineswegs bedeute, dass Streitigkeiten nicht auch fruchtbar sein können. »Wir sollten den Dialog immer auf der Basis von Text und Musik führen, das Konzept muss schließlich etwas mit dem Stück zu tun haben.« Vor allem rechtzeitige Absprachen seien da unabdingbar, sonst stünden die Sänger-Darsteller wie »zwischen Skylla und Charybdis«.

Lebenslang dem Beruf verschrieben

Kurt Masur hatte sich früh von der Oper entfernt und bevorzugte es bis zum Ende seines Lebens, ausschließlich Konzerte zu dirigieren. Im fortgeschrittenen Alter, nach Bekanntgabe seiner Parkinsonerkrankung, fragte er Veranstalter bei Einladungen gerne: »Was erwartet ihr von mir?« Und freute sich, wenn die Antwort lautete: »Herr Masur, all das, was Sie zu geben in der Lage sind.« Darin klang natürlich die Sorge seiner Bewunderer durch, ob er etwa ans Aufhören denke. »Die Frage war für mich immer, wie lange willst du dirigieren: So lange du kannst oder so lange du nützlich bist?« Und er hatte auch eine Antwort darauf: »Ich bin noch ziemlich nützlich.«

Mitunter war es erstaunlich, woher dieser Mann bis fast zuletzt noch die Kraft zum Arbeiten nahm: »Die kommt aus der Musik«, sagte er mir, »ausschließlich aus der Musik.«

Eine solche Meinung scheint in der Dirigentenzunft weit verbreitet zu sein. Eine Haltung im Dienst der Musik? Wer sich einmal diesem Beruf verschrieben hat, bleibt ihm zumeist bis ans Lebensende treu.

Eun Sun Kim, 2013

Kristiina Poska, 2013

Shi-Yeon Sung, 2009

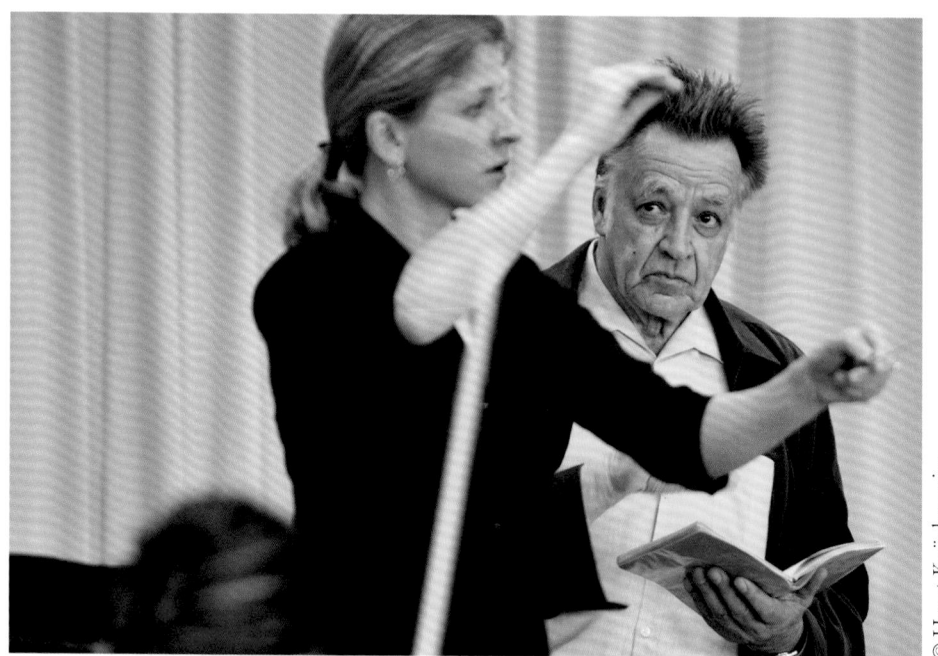

Kristiina Poska und Peter Gülke, 2010

Justus Thorau und Jukka-Pekka Saraste, 2013

Pierre Boulez und Christoph Altstaedt, 2007

Kevin John Edusei und Marc Albrecht
beim Niedersächsischen Staatsorchester Hannover, 2008

Lorenzo Viotti, 2014

Justus Thorau, 2015

Markus Poschner und Leo McFall, 2011

Francesco Angelico, 2009

»Herr über alle Musik«

Zur Phänomenologie der Beziehung zwischen Dirigent und Orchester

MICHAEL SCHWALB

In Bonn, der Residenz des Dirigentenforums und kulturell gebeutelten ehemaligen Bundeshauptstadt, spielen sich derzeit mehrere kulturpolitische Dramen ab, deren Ausgang – hoffnungsvoll gesprochen – ungewiss ist. Nachdem sich nicht zuletzt durch städtische Konzeptionslosigkeit alle Visionen um das Festspielhaus zum 250. Geburtstag des Genius Loci Ludwig van Beethoven (2020) in Luft aufgelöst haben, macht die Sportlobby nun organisiert Front gegen das als Hochkultur diffamierte Theater (seit Jahren nur noch ein Zweispartenhaus) und das Beethoven Orchester Bonn. Vor diesem grundstürzenden gesellschaftlichen Konflikt, dem erodierenden Konsens über die Verfasstheit unseres bürgerlichen Gemeinwesens, ist es nur ein Detail, dass die Nachfolgeregelung des im Sommer 2016 aus dem Amt geschiedenen GMD Stefan Blunier mit großer Verzögerung und mangelndem diplomatischem Geschick eingefädelt wurde. Dies lag am wenig professionellen Kulturmanagement der Bundesstadt, einem Konflikt zwischen Kulturamt und Orchester, das einen Kandidaten vorgeschlagen hatte, mit dem die Stadt jedoch nicht in Verhandlung treten wollte. Formaljuristisch ist das nicht zu beanstanden: Außer dem berühmten und vielzitierten Sonderfall der Berliner Philharmoniker hat kein Orchester der öffentlichen Hand das verbriefte Recht, seinen Chef selbst zu wählen. Derart auf das formale Anhörungsrecht zurückgestutzt zu werden, wie es das Beethoven Orchester erleben musste, ist jedoch nicht nur frustrierend und demotivierend für ein hochqualifiziertes (und hochleistungswilliges!) Kollektiv – es ist auch schlechterdings nicht nachvollziehbar, dass eine naturgemäß mit überschaubarem Sachverstand ausgestattete städtische Administration auf die Expertise seiner einschlägig erfahrenen Musiker verzichtet.

Es stellt sich daher die Frage nach der grundsätzlichen Vereinbarkeit von Kunst und Demokratie. Zwar ist das Sinfonieorchester eine Ausprägung des 19. Jahrhunderts – aber ist es auch ein Relikt aus vordemokratischen Zeiten? Wie hat sich die Organisationsform Sinfonieorchester seither entwickelt, wie wirken sich die rasant gestiegene Qualität junger Orchestermusiker und deren verändertes Selbstverständnis aus? Und wie können Mitbestimmung und Mitgestaltung innerhalb eines naturgemäß heterogen verfassten Klangkörpers und in Hinblick auf das Verhältnis zu seinem Dirigenten gestaltet werden?

Kontinuität und Wandel in der Orchesterorganisation

Wir können die Musikgeschichte nicht umschreiben: Ausprägung und Planstellenstruktur eines repräsentativen Sinfonieorchesters richten sich notwendigerweise nach der Partiturbesetzung des großen Opern- und Konzertrepertoires. Im Tarifvertrag verankert findet sich zudem ein auf den ersten Blick opulent scheinender Freiraum für unbefristet festange- stellte Musiker: Die auskömmliche Vergütung (das Orchester ist in jedem Theater die bestbezahlte Berufsgruppe) korrespondiert mit einer Dienst- planbelastung, die in aller Regel viel Raum für individuelle Dispositionen lässt (bezeichnenderweise musste die wöchentliche Höchstarbeitszeit der Orchester in den vergangenen Jahrzehnten kaum modifiziert werden). Hinzu kommen etliche Vorrechte wie die festgeschriebene Autonomie bei der Auswahl neuer Orchestermitglieder etc.

Innerhalb des Orchesters haben in den letzten Jahrzehnten tiefgrei- fende strukturelle Änderungen stattgefunden, abgesehen von der durch bessere Ausbildung und größere internationale Konkurrenz hervorgeru- fenen Leistungsdichte und Qualitätssteigerung. So ist das Gros der deut- schen Orchestermusiker vor dem Berufseinstieg in mitbestimmungs- erprobten Ensembles sozialisiert worden und ebenso bereit wie geschult, über den Tellerrand reiner Instrumentaltätigkeit hinauszuschauen und Aufgaben für die eigenverantwortliche musikalische Gemeinschaft zu übernehmen. In einst kaum vorstellbarer Weise gewachsen ist auch die Qualität von kammermusikalischer Hochschulausbildung und Erfah- rung, und die zunehmende und kontinuierliche Tätigkeit der Musiker in kleinen Ensembles kommt der Reaktionsfähigkeit und Geschmeidig- keit eines großen Orchesterklangs zugute. Weiterhin gibt es inzwischen keinen Orchestermusiker mehr ohne teilweise spezialisierte Erfahrung mit der historischen Aufführungspraxis wie auch den Spielpraktiken der zeitgenössischen Musik, die einen sinfonischen Klangkörper nicht nur im Repertoire der entsprechenden Epochen bereichern.

Andy Miles, Soloklarinettist im WDR Funkhausorchester Köln:
Bei unserem neuen Chefdirigenten Wayne Marshall merke ich, wie wich- tig der gemeinschaftliche Musiziergeist auf der Bühne ist. Dieses Fluidum einer großen Kammermusik ist mindestens ebenso ausschlaggebend wie die reine Zeichengebung mit den Händen oder dem Taktstock – für mich ein erstaunliches Erlebnis, da ich als Soloklarinettist ja doch relativ weit

© privat

Andy Miles

vom Dirigenten entfernt sitze und eigentlich auf ein klares Dirigat angewiesen bin! Besonders deutlich wird das bei Passagen, die nicht geprobt werden können oder die nicht jeden Abend gleich ablaufen. Auf unserer jüngsten Spanientournee hat Wayne Marshall Gershwins RHAPSODY IN BLUE *vom Flügel aus geleitet und die weit ausladende Kadenz im Mittelteil in jedem Konzert völlig neu improvisiert: Es war ein unerhörtes Erlebnis, diesen Flow zu verspüren, wenn sich die Reaktionen aller Musikerkollegen zu einem Energiestrom an gespannter Aufmerksamkeit vereinen und das zu Ergebnissen führt, bei denen ein Ensemble viel mehr wird als die Summe der Einzelnen. Das ist ein Rauschzustand, den ich eigentlich nur von gelungenen Kammermusikkonzerten kenne.*

Diese gestiegenen Qualitäten hört ein traditionelles Publikum aus dem Orchestergraben oder vom Konzertpodium; aber die Orchester haben inzwischen erkannt, dass sie ihren Wirkungsradius mit Blick auf ihre Zukunftssicherung erweitern müssen. Im Sinne der sogenannten Musikvermittlung geht den meisten Konzerten eine Einführung voraus, oftmals ergänzt durch die Möglichkeit eines Gesprächs mit den mitwirkenden Künstlern nach dem Konzert. Besuche in Kindergärten und Schulen (unter dem Modewort »education«) sind allerorten gang und gäbe, aber auch das andere Ende der Publikumsskala wird nicht aus den Augen verloren: Durch Auftritte in Seniorenheimen und mittels speziell erarbeiteter und betreuter Konzerte halten die Orchester die Verbindung etwa zu demenziell Erkrankten, denen so die emotionale Tiefenwirkung musikalischer Ereignisse erlebbar bleibt.

Viele dieser in den letzten Jahren entwickelten Erweiterungen des musikalischen Auftrags galoppieren dem tarifvertraglichen Nachvollzug voraus und beruhen auf der Einsicht der Musiker und ihrer hochorganisierten Standesvertretung, der Deutschen Orchestervereinigung (DOV), dass die Zeiten einer »beamtenhaften« Berufsauffassung und -ausübung längst Vergangenheit sind. Das Entgegenkommen geht bis zu individuellen Vereinbarungen über eine Aufweichung der Regelungen von Arbeits-

zeiten und -tätigkeiten, beispielsweise dem ursprünglich honorierungs-
pflichtigen Spielen von Kammermusik und dem Einsatz von abgelegenen
oder historischen Instrumenten. Dieser tiefgreifende Wandel im Selbstverständnis des Orchestermusikers beweist, dass das Sinfonieorchester
nicht als museales Relikt angesehen werden kann, sondern ein Spiegel
und darüber hinaus ein wesentlicher Bestandteil aktueller gesellschaftli-
cher Entwicklungen und ihres Diskurses ist!

»Herr über alle Musik«

Mit »Herr über alle Musik« überschrieb Erika Mann 1956 einen Aufsatz zum 80. Geburtstag ihres Dirigentenfreundes Bruno Walter und be-
schrieb damit exemplarisch die Hoheit des Orchesterleiters über Interpretation und Interpreten (wobei der im Gegensatz zu seinem Freund
Arturo Toscanini ganz und gar undespotische Walter sich niemals als
Herrscher ansah, sondern als Musiker unter Musikern). Dennoch ist die
Bezeichnung »Herr über alle Musik« trotz gewandelter Zeiten und Ge-
sellschaftsformen weiterhin zutreffend, denn zumindest äußerlich bleibt
das Verhältnis des Musikerkollektivs zum Dirigenten völlig unverändert.
Als im 19. Jahrhundert die Sinfonieorchester in der derzeitigen Größe
und Struktur entstanden, waren sie ein Instrument stolzen bürgerlichen
Selbstverständnisses und kultureller Selbstvergewisserung in der Nachfolge feudaler Strukturen. Die komplexen Partituren des Komponisten,
Orchesterpraktikers und Dirigenten Gustav Mahler hatten zu dieser Zeit
durchaus utopischen Charakter: Die Instrumentalpartien stellten derart
extreme Anforderungen, dass sie von den Musikern nach damaligem
Ausbildungsstand kaum zu bewältigen waren, und die Komplexität der
gesamten Partitur überblickte höchstens der Dirigent. Inzwischen, rund
100 Jahre nach Mahlers Tod, sind seine Sinfonien selbstverständlicher
und in jedem Detail partiturgetreu aufführbarer Bestandteil des gängigen
Repertoires. (Dass Mahler damit oft allzu geglättet wiedergegeben und
seiner einkomponierten utopischen Ansprüche entkleidet wird, ist die
problematische Folge.) Daran zeigt sich nicht nur die enorm verbesserte
Qualität der Orchester im Hinblick auf ihre instrumentalen Fähigkeiten;
aufgrund der breiteren und tieferen musikalischen Ausbildung sitzen inzwischen in jedem Klangkörper Musiker, die eine Partitur mindestens so
gut kennen wie der vor ihnen stehende Dirigent, und diese Instrumentalisten sind oftmals selber höchst respektable Orchesterleiter. Es gibt
genügend Beispiele, wie sich Dirigentenkarrieren aus einer Orchester-
position heraus entwickeln. Um es überspitzt und vereinfacht auszudrü-
cken: Die Ausbildung der Dirigenten hat sich nicht derart rasant entwickelt und verbessert wie die der Musiker. Die berühmten Ausnahmen

sind etwa die Schule von Jewgeni Mrawinski (1903–1988) in Leningrad/
St. Petersburg, die enorm wirkmächtige Arbeit des Finnen Jorma Panula
(* 1930) oder die Tradition der Dirigentenklasse von Hans Swarowsky
(1899–1975) in Wien. Die hier vermittelte praktische Arbeit am Verhältnis von Dirigent und Orchester wird von der segensreichen Arbeit des
Dirigentenforums aufgenommen und fortgesetzt.

Trotzdem scheint dieses Verhältnis von Dirigent und Orchester, von
Leiter und Kollektiv, zuweilen atavistisch, denn trotz der gestiegenen
(Selbst-)Verantwortung eines Orchesters, trotz der intellektuellen Augenhöhe des einzelnen Musikers zum Dirigenten ist die Verbindung
zwischen Orchesterleiter und Musiker doch letztlich, immer noch und
völlig unzeitgemäß, eine Machtfrage. Musikalische Wahrheit kann auch
in Zeiten gewachsener Erkenntnis nicht durch demokratische Entscheidungen herbeigeführt werden, und was in einem Streichquartett noch an
musikalischer »Abstimmung« möglich ist, würde einen Orchesterbetrieb
in die Agonie treiben.

Sicherlich ist es extrem, wenn Elias Canetti diese Machtfrage in DAS
AUGENSPIEL (auf den Dirigenten Hermann Scherchen bezogen) sogar auf
eine doppelte »Vergewaltigung« reduziert, zunächst die der Musiker und
dann die des Publikums. Wie sehr aber ein autoritatives Verhältnis und die
Ausübung von Macht auch heute noch eine wesentliche Rolle spielen, hat
mir der im Umgang mit Musikern so kumpelhaft scheinende Simon Rattle
bestätigt. Bei seinem zweiten Gastdirigat bei den Berliner Philharmonikern – damals war Rattle noch Chef in Birmingham – verhielt sich das Orchester in der Generalprobe derart inakzeptabel undiszipliniert, dass ich
ihn unter vier Augen fragte, weshalb er sich so etwas bieten lasse. Rattles
erstaunliche Antwort war, dass sein Orchester in Birmingham ihn allzu
nett behandle und ihm jeden musikalischen Wunsch von den Augen able-
se – er brauche ein Orchester, das ihm etwas entgegensetze, widerspenstig
sei, damit er seine Autorität und Durchsetzungskraft stärken könne!

Der vollkommene Kapellmeister – revisited

Was erwartet aber nun ein Orchester von einem Dirigenten, am ehesten
von seinem Chefdirigenten? Sicherlich als Erstes eine sachorientierte,
musikalisch fundierte Autorität, die sich aufspaltet in die »Tagseite« von
gut vorbereiteter, rationeller Probenarbeit und die »Abendseite« eines in-
spirierenden Konzert- oder Operndirigats, dessen Gemeinschaftsergeb-
nis und -erlebnis über das in den Proben erreichte Arbeitsziel hinausgeht.
Hinzu kommt die Lobbyarbeit für das Orchester, etwa in Gesprächen
mit dem Orchesterträger und der Presse, wobei die langfristige Perspektive des Chefdirigenten über den überschaubaren Zeitraum seiner aktuel-

len Vertragslaufzeit hinausgehen muss. Hier liegt durchaus ein Dilemma, denn ist es einem für wenige Jahre berufenen Chefdirigenten überhaupt möglich, langfristige Entscheidungen verantwortungsvoll zu treffen? Dies kann nur geschehen in vertrauensvollem Zusammenwirken mit den Gremien des Orchesters, die dessen langfristige Entwicklung (personell wie künstlerisch) im Blick haben; der Orchestervorstand, ein künstlerischer Beirat sowie herausgehobene Musiker wie der Konzertmeister haben aufgrund ihrer unbefristeten Verträge und langen Orchesterzugehörigkeit oft die bessere Sicht auf den künstlerischen Weg eines Klangkörpers. Ein weiteres Problem sei hier nur angerissen: Die Honorierung von Chefpositionen und Gastdirigaten klafft zugunsten von Letzteren derart eklatant auseinander, dass es immer schwieriger wird, auf mittlerem Orchesterniveau überhaupt herausragende Dirigenten für eine längerfristige Bindung und Übernahme der damit verbundenen administrativen Aufgaben zu gewinnen!

Wolfram Lehnert, 1. Violine und Orchestervorstand im Beethoven Orchester Bonn:
Deutlich und bezeichnend bleibt mir eine Episode im Gedächtnis, die sich in einem vom Dirigentenforum organisierten Dirigierkurs von Kurt Masur ereignet hat: Ein junger Dirigent gab die Auftakte derart abrupt, ohne zu atmen, dass der Einsatz im Orchester jedes Mal geklappert hat. Der junge Herr wurde daraufhin ungehalten und wollte dem

Wolfram Lehnert

© privat

Orchester die Schuld geben. Eindrucksvoll war die Reaktion von Kurt Masur, der seinem Studenten vorhielt: »Versuchen Sie nie, einen eigenen Fehler auf jemand anderen abzuwälzen!« *Masur bat ihn, er solle einmal seine Hände in die Hosentasche stecken und den Auftakt nur mit der Nase geben: Dieselbe abrupte Geste, Klappern im Orchester. Dann stellte sich Masur selbst hin, machte nur eine winzige Kopfbewegung – und das Orchester konnte präzise den Einsatz abnehmen. Der junge Dirigent war noch nicht überzeugt und wollte dies Masurs außergewöhnlicher Aura zurechnen. Da ließ Masur das Orchester alleine spielen, indem der Konzertmeister den Auftakt nur mit der Schnecke seiner Geige angeben sollte – wieder war das Orchester perfekt zusammen!*

Diese Lehrstunde bleibt mir unvergesslich. Aber nicht nur bei einem Kurs, sondern auch im Orchesteralltag ist eine solche Situation leider nicht selten. Daher ist es so wichtig, dass junge Dirigenten frühzeitig lernen, nur die für die Initiation des musikalischen Ablaufs wesentlichen Impulse zu geben, also Auftakte, Einsätze, Tempoänderungen und die Dynamik von laut und leise anzuzeigen, ansonsten aber dem musikalischen Fluss seinen Lauf zu lassen. Wenn das Orchester sich frei fühlt, wie bei einer großen Kammermusik, und nur bei heiklen Übergängen deutlich gesteuert wird, dann lassen sich Höchstleistungen abrufen. Dabei erreicht ein Dirigent mit minimalen Gesten die größte Suggestion.

Ebenso ist es mit der Gestik des Konzertmeisters, der als ein wichtiger Vermittler für die Vorgaben des Dirigenten fungiert und mit ganz kleinen Bewegungen dafür sorgt, dass die Einsätze der Streicher zehntelsekundengenau zusammen sind. Der Konzertmeister markiert durch den Ambitus seiner Bewegungen harte oder weiche Einsätze, und er modelliert durch Körpersprache »nach hinten«, in die Geigengruppe hinein (die ja die größte Einheit innerhalb des Orchesters ist), den Verlauf großer lyrischer Linien. Dabei gilt für einen Konzertmeister dasselbe wie für einen Dirigenten: Kleine Bewegungen sind wichtiger als große! Wenn jemand vorne »fuchtelt«, lenkt das ab; bei kleinen Bewegungen schaut man genauer hin – wie auf der Theaterbühne, wo ein Schauspieler leise spricht, wenn er zum Zuhören zwingen will.

Aber ich verhehle nicht, dass die Konstellation des Dirigenten vor einem Orchester eine der härtesten vorstellbaren Berufssituationen ist. Ein Orchester ist aus Gründen der musikalischen Eigenhygiene gnadenlos, denn es merkt sofort, in den ersten Minuten einer Zusammenarbeit, ob eine authentische musikalische Persönlichkeit vorne steht oder ob sich jemand in eine Pose flüchtet.

Die rein technisch-musikalischen Vorgänge von Probe oder Aufführung sind oft beschrieben worden. Das Notenmaterial wird vom Dirigenten gestellt oder ist von den Stimmführern so bearbeitet worden, dass die für alle geltenden Vorschriften (etwa Bogenführung, Phrasierung und Dynamik) in jede Stimme eingetragen sind. Ein vom Dirigenten erarbeiteter detaillierter und vorab veröffentlichter Probenplan regelt die effiziente und ökonomische Ausnutzung der Probenzeiten. Bei komplexen Partituren oder schwierig durchzuhörenden Werken zeitgenössischer Musik beginnt der Dirigent seine Arbeit (üblicherweise drei bis fünf Tage vor einem Konzert) mit getrennten Proben von Bläsern und Streichern. Bei den anschließenden Gesamtproben muss er die heikle Balance zwischen Perfektion und »Überproben« beachten: Einerseits muss jedes Detail bis zum Durchlauf in der Generalprobe perfekt sitzen, andererseits muss genügend Spannung für die abendliche Aufführung erhalten bleiben.

Die von allen Noten losgelöste musikalische Atmosphäre, die hinter diesen technisch-organisatorischen Beschreibungen liegende mystische, transzendente Aura, deren Erreichen das Ziel einer jeden Aufführung ist, sperrt sich gegen verbale Durchdringung und Beschreibbarkeit. Dabei ist dieser geweihte Raum, dieses Fluidum, wenn es sich denn entfaltet, für die Musiker wie für das Publikum gleichermaßen zu erfassen, ja mehr noch: Vielleicht ist gar die sich aufs Publikum übertragende musikalische Energie in Wechselwirkung wiederum für das Orchester auf der Bühne Voraussetzung für die Tragfähigkeit eines Spannungsbogens.

Einer der größten Magier auf dem Dirigentenpodest war sicherlich der im Januar 2014 verstorbene Claudio Abbado – dies allerdings auch erst im abgeklärten Alter. Die äußeren Parameter der Zauberkunst seiner späten Jahre sind rasch aufgelistet und in Abbados Konzertaufzeichnungen nachvollziehbar: Sein Dirigat mit äußerst sparsamen Bewegungen, auffälliger Verzicht auf jegliche Attitüde von Forderung oder Macht in Mimik und Gestik, dabei eine Gelöstheit von aller Erdenschwere durch Vertrauen in seine Musiker und Vertrautheit mit ihnen. Es ist eine Kunst der Hingabe (wie Stefan Zweig die besondere Fähigkeit Bruno Walters beschreibt), mit der Abbado eigentlich die bestehenden Machtverhältnisse geradezu umkehrte: Er unterwarf sich den musikalischen Kräften seiner vertrauten Musiker, lenkte sichtlich beseelt und im Gelingen verklärt nur sparsamst den musikalischen Fluss und überließ dabei die musikalische Verantwortung seinen Musikern, ihnen eigentlich mehr wie in einer groß-dimensionierten Kammermusik zuhörend als sie anzuleiten. Mit dieser unautoritären, zugewandt-vertrauensversichernden Haltung gelang ihm wiederum die Hingabe eines jeden einzelnen Musikers – weniger an ihn als an die absolute Wahrheit in der Musik. So spielten die Musiker jeden Abend in grenzenloser Aufopferung für »Claudio«, und das Publikum wurde durch dieses sich bei fast allen der späten Abbado-Konzerte wieder ereignende Wunder zu einer verschworenen Gemeinschaft, mit der sich jeder der oft von weither angereisten »Abbadiani« durch die Macht der Musik verbunden fühlte: Allen war ein Stück Verklärung zugefallen, das geteilte Glück gemeinsamer Teilhaftigkeit an etwas Außerordentlichem.

Solcherart Momente der Transzendenz, die sich in Abbados späten Konzerten in Luzern oder mit dem Mahler Chamber Orchestra regelmäßig einstellten, veranlassten das Publikum zu förmlichen Wallfahrten, die den Konzertsaal (oder im ähnlich gelagerten Falle von Carlos Kleiber auch die Oper) zur Pilgerstätte verwandelten. Die religiöse Metapher ist tatsächlich angemessen, denn dieses Gefühl der Einheit und Verbundenheit, das Bewusstsein einer seelischen Gleichschwingung von 2000 Menschen, das gemeinsame Empfinden eines geistigen Einklangs im Rahmen eines außerordentlichen, klangdurchpulsten Gemeinschaftserlebens, dies alles ist nur mit der Intensität eines religiösen Erweckungserlebnisses zu vergleichen.

In der Kammermusik ist dieses Phänomen häufig zu erleben: Ein Ensemble kann »über sich hinauswachsen«, sich in der Aufführung zu einem Ergebnis steigern, das mehr ist als die Summe seiner einzelnen Mitglieder. Auf der Basis von individueller instrumentaler und geistiger Überlegenheit können sich etwa die Mitglieder eines Streichquartetts in der Konzertatmosphäre gegenseitig derart befeuern, dass musikalische Extreme oder seelische Innerlichkeit in tieferer Weise ausgelotet werden, als dies in der nüchternen Probe und ohne Publikum möglich ist.

Wie aber ist dieses Phänomen auf ein großes Orchester zu übertragen, wo die Spieler allein schon aus räumlicher Entfernung nicht denselben Kontakt haben wie in einem Streichquartett? Kann also die Arbeit des Dirigenten, über die reine Koordination hinaus, auch absichtsvoll eine besondere Konzertspannung erzeugen? – Oder, vom extremen anderen Ende her gedacht: Wir alle kennen den Moment, in dem wir, vielleicht während einer Autofahrt, am Radio blitzhaft angerührt sind von einer Musik oder einer Interpretation; kann ein Dirigent dies bewusst auslösen? Ist ein Augenblick besonderer Spiritualität allein glückhaftes Zufallsergebnis, oder kann er absichtsvoll herbeigeführt werden?

Gruppenphänomene: Psychologie und Physik

Der Freiburger Physiker und Psychologe Walter von Lucadou hat sich mit übersinnlichen Phänomenen der Parapsychologe beschäftigt. Lucadou leitet gruppenpsychologische Effekte her aus der Quantenmechanik und benutzt den dort geprägten Begriff »Verschränkung«. Die Verschränkung bewirkt die Stabilität von Atomen und der sie umgebenden Elektronen, die eben nicht nur von kausalen, erklärbaren Kräften abhängig ist, sondern sich ausrichtet nach sogenannten Verschränkungskräften und nicht den vorhersehbaren oder wissenschaftlich erklärbaren Mustern unterliegt.

Was sich in kleinsten atomaren Ordnungen manifestiert, das sei, so Lucadou, so auch in größeren Organisationsformen möglich. In komplexen psychologischen Systemen, etwa einer Fußballmannschaft oder einem Sinfonieorchester, sind derartige kosmologische Verschränkungsphänomene zu beobachten. Individuell kennen wir alle das Moment eines »blinden« Verstehens, ein auf Vertrautheit und gemeinsamer geistiger Ausrichtung gründendes, wort- und zeichenloses Einverständnis. Dieses ereignet sich auch in einem größeren Netzwerk gemeinsamen Fühlens und Ausdrucks. Es entsteht dann ein Flow, bei dem der Einzelne in einer höheren Ordnung ausgerichtet agiert, nicht mehr das Gefühl hat, »ich mache etwas«, sondern »es macht etwas mit mir«!

Dieses sich nie selbstverständlich ereignende Glücksmoment eines synergetischen Prozesses basiert indes auf dem Fundament härtester Vorbereitung. Unabdingbare Voraussetzung ist individuelle Virtuosität

und kollektive Perfektion, die nur im ständigen Training einer Fußballmannschaft oder der ausgefeilten Probenarbeit eines Orchesters erreicht
wird. Erst wenn alle diese technischen Momente kausal beherrscht werden, kann sich im Moment der Aufführung eine völlig losgelöste Ver-
selbstständigung des Eingeübten ereignen, mit dem ein Ensemble über
sich hinauswachsen kann. Dies ist kaum beschreibbar; zu erklären ist es
höchstens mit extremen Deutungen aus Erfahrungen der Parapsycho-
logie oder der physikalischen Grenzbereiche einer Superfluktuation und
Psychokinese.

Ein sensibler Trainer oder Dirigent kann solcherart gruppendynami-
sche Prozesse anregen, die Mannschaft oder das Orchester für derartige
Momente sensibilisieren. Ein Dirigent kann sein Orchester präparieren,
indem er (auf der Basis eines perfekten Probenergebnisses) am Abend
»loslässt« und alle geistigen Kräfte in eine Richtung mobilisiert; damit
kann sich ein verschränktes System etablieren, in dem solch glückhafte
Momente der Transzendenz, der geistigen Einheit, möglich sind.

Axel Schroeder, 2. Violine und Orches-
tervorstand im WDR Funkhausorchester
Köln:
Eine zielgerichtete, organisierte Proben-
arbeit ist natürlich wichtig und die Basis
einer Konzertaufführung; in den glück-
haften Momenten geht aber das Konzert,
obwohl man dieselben Noten spielt, weit
über ein Probenergebnis hinaus, und das
liegt meistens am Dirigenten. Es gibt ja
so berühmte Beispiele wie Claudio Ab-
bado, eine der spannendsten Bühnenper-
sönlichkeiten, dessen Probenarbeit hin-
gegen manchmal als etwas diffus galt. Im

Axel Schroeder

Konzert aber überließ er dem Einzelnen eine Verantwortung, dass man
sein Herzblut für ihn gegeben hätte.

Ein gelingendes Konzerterlebnis, bei dem ein Ensemble und jeder ein-
zelne Musiker über sich hinauswachsen, wirkt tatsächlich wie eine Droge.
Ein guter Abenddirigent ruft in dir eine bedingungslose Hingabe hervor,
die ich nur ganz drastisch vergleichen kann mit einem Feldherrn, der
dich in die Schlacht führt. Es entwickelt sich ein unglaublicher Sog, eine
gemeinsame, geradezu telepathische Ausrichtung von 60 oder 80 Indivi-
duen: Jeder wächst über sich hinaus, wagt sich in extreme Regionen auch
der Emotionalität, die ja in der Laborsituation einer Probe gar nicht zu
erreichen sind. Erst in der Aufführungssituation entdeckt man, zu wel-
chem Fortissimo oder extremen Pianissimo man überhaupt in der Lage ist.

Der größte Dirigierlehrer des 20. Jahrhunderts war der aus der Wiener
Schönberg-Schule stammende Hans Swarowsky. Noch unter Mahlers
Leitung sang er bei der Uraufführung von dessen 8. Sinfonie (1910 in
München) im Knabenchor mit, stand dem Schönberg-Kreis nahe und
war ein Intimus von Richard Strauss. Nach 1945 schuf »Swa«, wie er
von seinen Schülern in liebevoller Verehrung genannt wurde, in Wien
ein einzigartiges mehrstufiges System der Dirigentenausbildung, das
seine Ausbildungsklasse über Jahrzehnte zum Mekka aller angehenden
Dirigenten machte. Die illustre Liste seiner Absolventen an der Wiener
Musikakademie (heute: Universität für Musik und darstellende Kunst)
zeugt von Swarowskys Ausstrahlung: Dem Jahrgang 1956 etwa gehör-
ten Claudio Abbado und Zubin Mehta an! Uroš Lajovic, ein ebenso
hinreißender Dirigent wie »Ausbilder«, sorgte als Absolvent und Nachfolger Swarowskys dafür, dass dessen Feuer dirigentischer Aufklärung
weitergetragen wurde: Aus seiner Wiener Meisterklasse erwuchs etwa
Kirill Petrenko, derzeit GMD an der Bayerischen Staatsoper, mehrere
Jahre RING-Statthalter in Bayreuth und ab 2018 Chefdirigent der Berliner Philharmoniker.
Swarowsky, Idealist und Pragmatiker in einer Person, hat bei seinem
Ausscheiden 1975 einen berührenden Brief an letzte Studenten hinter-
lassen, der mit einem Satz endet, der allen Dirigenten ins Stammbuch zu
schreiben wäre: »(…) vergessen Sie nicht, dass es der Orchestermusiker
ist, der die Musik macht, und achten Sie ihn dafür.«

»Oh man, it's a girl!«

Frauen am Pult

TERESA PIESCHACÓN RAPHAEL

»Eine Berockte und 100 Mann zum Unisono bringen – das wär' a Gaudi«, spottete einst Richard Strauss.[1] Heute spottet keiner mehr über eine Frau am Pult, und dennoch bleibt sie eine Ausnahme. Zu intensiv hat sich der Helden-Mythos des Maestros, das heroische Bild des Zauberers und Gottes im Frack im Bewusstsein verankert – und dies nicht erst seit Elias Canettis Abhandlung MASSE UND MACHT, in der er »keinen anschaulicheren Ausdruck für Macht« fand als »die Tätigkeit des Dirigenten«. Führungswille, Autorität, Charisma werden immer noch mit Männlichkeit assoziiert. Dirigentin zu sein bedeutet also, Ausnahme zu sein. Die Zahlen bestätigen es: Auf etwa drei Prozent schätzt man derzeit die weltweite Repräsentanz von Dirigentinnen, unter den etwa 1000 aufgeführten Dirigenten sind nur 35 Frauen zu finden.[2] Lediglich eine war bisher für eine Chefposition bei einem der großen Traditionsorchester im Gespräch: die Finnin Susanna Mälkki für die New Yorker Philharmoniker. Seit September 2016 ist sie Chefdirigentin der Helsinkier Philharmoniker.

Susanna Mälkki

Problemfall Deutschland

Und in Deutschland und Österreich, den Mutterländern des klassischen Repertoires? Allmählich steigt der Frauenanteil innerhalb der Klangkörper. An der Spitze aber sieht es düster aus. Von den über 130 Kulturorchestern in Deutschland werden nur zwei von Frauen geleitet. Eines davon nicht mehr lange: Karen Kamensek, GMD an der Staatsoper Hannover, hat ihren Vertrag nicht über die Spielzeit 2015/16 hinaus verlängert. Nach dem Rückzug von Simone Young 2015, über zehn Jahre GMD in Hamburg, bleibt nur noch Joana Mallwitz, seit der Saison 2014/15 amtierende GMD am Theater Erfurt. Eine gegen den Rest der Welt? So scheint es.

Als die Schweizerin Sylvia Caduff 1977 zur ersten Generalmusikdirektorin des Städtischen Orchesters Solingen ernannt wurde, war die Euphorie groß. Bis 1986 führte sie das Orchester. Eine höhere Sprosse in der Karriereleiter erklomm die einstige Schülerin von Herbert von Karajan und Rafael Kubelik sowie Leonard-Bernstein-Assistentin nicht mehr; trotz Auftritten mit den Berliner und den New Yorker Philharmonikern. Ein noch kürzeres Gastspiel als GMD gab die gebürtige Polin Alicja Mounk am Ulmer Theater in den 1990er-Jahren. Vielversprechend begann die Laufbahn der Dresdnerin Romely Pfund. 1987 wurde sie zur GMD der Neubrandenburger Philharmonie ernannt, übernahm dann in gleicher Position die Bergischen Symphoniker. Seit 2009 ist sie Musikalische Oberleiterin am Landestheater Mecklenburg. Die Amerikanerin Catherine Rückwardt führte von 2001 bis 2011 als GMD das Staatstheater Mainz. Der Aufstieg in das Dirigenten-Walhalla gelang aber auch ihr nicht.

Musik nur Zierde

»Eine Frau kann inzwischen zur Premierministerin gewählt werden, einem hohen Gericht vorsitzen oder in der Kirche die Sakramente spenden – ein Sinfonieorchester darf man ihr aber offenbar nicht anvertrauen«[3], stellte bereits Norman Lebrecht 1991 in seinem Dirigentenbuch fest. Musik dürfe nur »Zierde, niemals Grundbass« ihres »Seins und Tuns« sein, ermahnte auch Abraham Mendelssohn seine Tochter Fanny Hensel, die in den familiären Sonntagsmusiken ihre Fähigkeiten als Dirigentin bewies. Zum Taktstock zu greifen wagte sie allerdings nicht. 1834 schreibt sie: »Hätte ich mich nicht so entsetzlich geschämt und bei jedem Schlag geniert, so hätte ich ganz ordentlich damit dirigieren können.«[4] Solche Hemmungen kannte ihr Bruder nicht, wenn er in weißen Handschuhen und mit von weißem Leder bezogenem Fischbeinstäbchen vor das Leipziger Gewandhausorchester trat.

Zwei Jahrhunderte vorher, als es weder den Dirigentenberuf noch das bürgerliche Ordnungsideal gab, war es gar nicht unschicklich, wenn Komponistinnen vom Cembalo aus den Takt schlugen. Verbürgt ist der Auftritt von Francesca Caccini, die am 2. Februar 1625 im Poggio Imperiale in Florenz die Uraufführung ihrer Oper LA LIBERAZIONE vor erlauchtem Publikum dirigierte. Die 80 Jahre jüngere Élisabeth Jacquet de la Guerre schaffte es mit ihren Werken bis an die Opéra Paris.

Zu Beginn des 20. Jahrhunderts wuchs eine Generation junger weiblicher Dirigierbegabungen heran. Chancen hatten sie im alten Europa kaum, viele der großen Orchester des 19. Jahrhunderts waren aus einem bruderbündlichen Vereinsgedanken heraus gegründet worden und verstanden sich fast bis zum Ende des Jahrhunderts ausschließlich als »Herrenclub«. Den Frauen blieb nichts anderes übrig, als eigene Orchester zu gründen. 200 Damenkapellen waren im frühen 20. Jahrhundert unterwegs. Meist spielten sie zur Unterhaltung auf. Berühmt wurden die »Wiener Walzermädeln«, das Kammerorchester, das Alma Rosé, die Nichte von Gustav Mahler, 1932 gegründet hatte. 1943 wurde die Wiener Jüdin nach Auschwitz deportiert und übernahm die Leitung des Frauenorchesters. Die Musik bewahrte sie vor der Gaskammer; sie starb 1944 vermutlich an einer Lebensmittelvergiftung.

Nadia Boulanger beim Unterricht

Mutter aller Dirigenten: Nadia Boulanger

Während um die Mitte des 20. Jahrhunderts in den USA Antonia Brico und
Sarah Caldwell kräftig an der männlichen Bastion zu rütteln begannen,
konnte sich in Europa nur eine behaupten: Nadia Boulanger, die Tochter
des Komponisten Ernest Boulanger. »Wenn ich zum Dirigieren aufstehe,
denke ich nicht darüber nach, ob ich ein Mann oder eine Frau bin. Ich mache meine Arbeit«, sagte sie 1939 selbstbewusst. Sie hatte bei Gabriel Fauré
und Charles-Marie Widor studiert, kannte die Crème de la Crème der Musikwelt. 1933 trat sie im Pariser Salon der Prinzessin Polignac erstmals als
Dirigentin auf. Ende der 1930er-Jahre dirigierte sie als erste Frau drei der
»Big Five« Amerikas: das Boston Symphony sowie das Philadelphia Orchestra und die New Yorker Philharmoniker. Ihren Ruf festigte sie mit der
Uraufführung von Strawinskys DUMBARTON OAKS 1938 und ihrem Engagement für die Musik Monteverdis. In der »Boulangerie« (der Bäckerei),
wie man ihre Wohnung in Paris nannte, verkehrten Aaron Copland, Igor
Strawinsky, Maurice Ravel, Arthur Honegger, aber auch Leonard Bernstein, Daniel Barenboim und andere, die alle bei »Mademoiselle«, wie sie
sich bis in hohe Alter nennen ließ, studierten.

Soft skills und hard skills

Junge begabte Frauen müssen heute in Deutschland nicht mehr über
die großbürgerliche Herkunft und das Selbstverständnis einer Nadia
Boulanger verfügen. Der Frauenanteil an Musikhochschulabsolventen
beträgt etwa 51 Prozent und auch in den Dirigierklassen sind sie keine
Ausnahme mehr. Fortbilden können sie sich beim Dirigentenpodium
Baden-Württemberg, bei der Dirigentenwerkstatt Interaktion in Berlin
sowie dem Dirigentenforum des Deutschen Musikrates, an dem sich
etwa 90 Prozent aller Dirigentinnen in Deutschland bewerben. In Meis-
terkursen und Assistenzen werden sie auf die Positionen im deutschen
und internationalen Musikleben vorbereitet.

Folgt man dem Werdegang aller ehemaligen Stipendiatinnen des Dirigentenforums von 1991 bis 2016, stellt man fest, dass kaum eine es über
den Rang der Kapellmeisterin hinausschafft. An den *hard skills*, der fachlichen Kompetenz, kann es nicht liegen. »Wie in jedem anderen Beruf«,
findet Karen Kamensek, »entscheiden sich die Frauen selber dafür oder
dagegen. Grundsätzlich ist der Beruf des GMD von Frauen zu machen.
Aber es ist kein einfaches Leben und keine einfache Aufgabe. Nicht jede
Frau will sich das antun.«[5] Auch etablierte Dirigentinnen wie Simone
Young und Anu Tali vermuten, dass viele sich den Knochenjob nicht zutrauen oder zumuten wollen. Nur durchschnittlich 17 Prozent beträgt

der Anteil der Frauen an den Stipendiaten des Dirigentenforums, die sich für das Orchesterdirigieren entscheiden und somit für eine – zumindest im traditionellen Musikbetrieb – »sichtbare« Karriere. Für 2016 hat sich übrigens keine angemeldet. Etwas höher, um die 28 Prozent, liegt der Anteil derer, die sich für die Fortbildung als Chordirigentin interessieren und damit für kleinere, weniger komplexe Ensembles, in denen es besonders auf *soft skills* wie Einfühlungsvermögen und Teamfähigkeit ankommt. Die Konsequenz dieser Entscheidung: Die meisten werden sich an Orten wiederfinden, wo musikalische Kärrnerarbeit zu leisten ist – als Sänger-Korrepetitorinnen an der Oper, an den Konservatorien und den Education-Einrichtungen sowie »prestigearmen« Familienkonzerten, vielleicht auch in der Dunkelheit des Operngrabens, doch nur selten im Scheinwerferlicht des Konzertsaals. Und an den Rändern des Repertoires, in der Alten wie in der Neuen Musik, wie etwa Emmanuelle Haïm oder Konstantia Gourzi.

Die Ausnahme von der Regel: Mirga Gražinytė-Tyla

Keine Regel ohne Ausnahme. »Unser Star«, freut sich Andrea Meyer-Borghardt, Projektleiterin des Dirigentenforums, über ihre ehemalige Stipendiatin Mirga Gražinytė-Tyla. Die junge Litauerin hat den Sprung

© Nancy Horowitz

Mirga Gražinytė-Tyla

geschafft. Zum Spielzeitbeginn 2016/17 wird sie Chefin des City of Birmingham Symphony Orchestra. Ein »frauenfreundliches« Klima dürfte
sie dort erwarten, schließlich wurde das Orchester maßgeblich von Simon Rattle geprägt, der sich bereits Ende der 1980er für die Karriere der
englischen Kollegin Sian Edwards einsetzte. »Selbstkontrolle und Selbstvertrauen. Vertrauen insgesamt!«[6], wünscht sich Mirga. Daran dürfte es
ihr nicht mangeln. Bereits als Schülerin der Čiurlionis-Kunstschule ihrer
Heimat durfte sie sich vor dem Orchester erproben, ein regelrechtes »Training on the Job« absolvieren, das ihr ideale Startbedingungen verschaffte.

»On the Job«

Ein guter Dirigent wird man schließlich nicht im Seminarraum oder vor
dem Spiegel, sondern in »20-jähriger Ausbildung vor Publikum«[7], wie
Herbert von Karajan es formulierte. Immer öfter sorgen Kooperations-
verträge zwischen Hochschulen und lokalen Orchestern dafür, dass
jungen Dirigenten ein Orchesterapparat zur Verfügung steht, mit dem
sie selbst eine Mahler-Sinfonie einstudieren können. Auch etablierte
Dirigentinnen fühlen sich in der Verantwortung, als Professorinnen wie
Simone Young an der Hamburger Musikhochschule oder Alicja Monk
am Karlsruher Institut für Musiktheater. Pionierarbeit leistete Romely
Pfund mit ihrer Dirigentinnen-Werkstatt, die nach ihrem Weggang 2009
in das Dirigentenforum integriert wurde.[8] 2002 gründete die amerikanische Dirigentin Marin Alsop die Taki Concordia Conducting Fellow-
ship. »Es geht nicht darum, die Karriere einer Frau zu schmieden, sondern eine Bühne zu schaffen, wo sie sich ausprobieren und mal Fehler
machen darf.«[9]

Von Raubeinen und »männlicher Musik«

Die Solidarität unter den Dirigentinnen wächst, doch Vorurteile halten
sich hartnäckig. »Das Problem sind die anderen Dirigenten und teils die
Professoren an den Hochschulen«[10], findet die polnische Dirigentin Marta Gardolińska.
   Keiner wird sich heute mehr solche Ausraster erlauben wie der legendäre »Dirigentenmentor« Hans Swarowsky, der die angehende Dirigentin
Elke Mascha Blankenburg in den 1970er-Jahren mit »Sie können absolut
nichts!« und »Gehen Sie dahin, wohin Sie hingehören, in die Küche«[11]
anherrschte. Blankenburg blieb hartnäckig und legte 2003 die erste sys-
tematische Studie zur Problematik vor.[12] In den 1980ern bekam die un-
garische Dirigentin Olga Géczy von Wolfgang Sawallisch zu hören, er

könne nicht erlauben, dass sie »vor diesen Männern«[13] stehe. Auch Gerd
Albrecht befand 1990 in der *ZEIT*, Dirigieren sei kein Frauenberuf. Das
fand ebenso Kollege Günter Wand. Vasily Petrenko (nicht zu verwechseln
mit Namensvetter Kirill), Dirigent des Royal Liverpool Philharmonic
Orchestra, sorgte sich 2013 um die »sexuelle Energie« einer Dirigentin,
die männliche Musiker ablenke. Der finnische Dirigierprofessor Jorma
Panula teilte 2014 das Repertoire in »männliche« Musik wie Bruckner und
Strawinsky und »weibliche« wie Debussy. Unbeeindruckt nahmen dies
seine Schülerinnen Susanna Mälkki und Anu Tali zur Kenntnis.

Amerikas First Lady des Taktstocks: Marin Alsop

»Es gibt keinen logischen Grund, warum Frauen nicht dirigieren können«,
sagt Marin Alsop. »Der Taktstock ist nicht schwer, wiegt kaum mehr als
25 Gramm. Man braucht keine übermenschliche Kraft. Nur eine musikalische Vision.«[14] Als kleines Mädchen in New York hatte sie Leonard Bernstein auf der Bühne erlebt. »Das ist es!«[15], sagte sie ihrem Vater, der selbst
Musiker war. Zunächst ließ sie sich als Geigerin ausbilden. »Oh man, it's a
girl!«, murmelten die Männer aus der Bläsergruppe, als sie sich zum ersten
Mal ans Pult wagte. 1988 gewann sie den New Yorker Leopold-Stokow-
ski-Wettbewerb und ein Leonard-Bernstein-Stipendium in Tanglewood.

© Chris Lee

Marin Alsop

»Marin«, staunte dieser nach einer Orchesterprobe, die er mit geschlosse-
nen Augen verfolgte, »ich habe ja überhaupt nicht hören können, dass eine
Frau dirigierte.«[16] »Am Pult war Bernstein weder Mann noch Frau«, sagt
Alsop. »Er war einfach Mensch!« Durch ihn habe sie gelernt, »frei« zu sein,
unabhängig von dem, was andere sagten. Seit 2007 führt sie das Baltimore
Symphony Orchestra. 90 Prozent der Musiker wollten ihr zunächst nicht
folgen. Erst nachdem sie ihre Pläne vorlegte, änderte sich die Stimmung.
Heute können sie nicht leugnen, dass sie sich unter Alsops Leitung verbes-
sert haben. Die mehrfach ausgezeichnete Künstlerin ist regelmäßig zu Gast
bei allen großen amerikanischen und europäischen Orchestern. »Nur die
Berliner Philharmoniker haben noch nicht angerufen.«

Die Vorzeige-Frau: Simone Young

Eigentlich wollte die Australierin irisch-kroatischer Abstammung Kom-
ponistin werden, doch während des Studiums in Sydney wurde das
Dirigieren für sie die vollkommenste Art zu musizieren. »Boulanger
war für mich ein Vorbild«, sagt sie. Vier Jahre lang assistierte sie beim
(Boulanger-Schüler) Daniel Barenboim in Bayreuth und Paris, wur-

Simone Young

de Kapellmeisterin an der Kölner Oper, dann an der Staatsoper Unter den Linden. Es folgten Engagements in allen Opernmetropolen. Als »erste Frau« dirigierte sie die Wiener Philharmoniker, die bis Mitte der 1990er-Jahre die Aufnahme von Frauen strikt ablehnten, »als erste Frau in Deutschland« auch Wagners kompletten RING. Von 2001 bis 2003 amtierte sie als Chefdirigentin der Oper von Sydney, kündigte, als das Budget nicht mehr stimmte. Von 2005 bis 2015 war sie Generalmusik-direktorin und Intendantin der Hamburgischen Staatsoper in Personal-union. »Die Frage, ob ich diesen Job machen kann oder nicht, raubt mir nicht den Schlaf«, so die Mutter zweier Töchter. »Es muss immer erst eine Frau geben«, ist sie überzeugt, »die die Tür aufmacht und die zeigt, dass eine Frau durch diese Tür gehen kann. Wenn sie einmal durch diese Tür gegangen ist, dann bleibt die Tür offen für die anderen.«

Eine neue Hoffnung: Joana Mallwitz

Joana Mallwitz, seit 2014/15 GMD am Theater Erfurt, ist dankbar, »dass die Türe schon eingetreten war« und sie ihre Energien ganz auf die Musik richten kann. Mit 13 hörte die gebürtige Hildesheimerin Schuberts UN-VOLLENDETE und wollte es einfach wissen. Ihre Chance bekam sie als blutjunge Studentin mit 20 Jahren als Einspringerin für die Heidelberger Premiere der MADAMA BUTTERFLY. »Sechs Stunden vor Beginn rief man

© Lutz Edelhoff

Joana Mallwitz

mich an, ich war gerade in Schwetzingen. Der Kapellmeister war krank, der zweite nicht verfügbar, der GMD saß in Tokio und sagte: ›Fragt doch Joana.‹ Dann wurde ich nach Heidelberg gekarrt, ins GMD-Zimmer gesteckt und habe die Partitur bekommen. Für Panik war zum Glück keine Zeit.« In Deutschland wundert man sich über ihr Alter. In Riga, wo sie viel dirigierte, über das Geschlecht. »Ich bin emotional und backe gern. Wenn ich aber am Pult stehe, bin ich Mensch und Musiker, nichts anderes. Nicht Mann oder Frau, nicht alt oder jung.«[17]

Natürlich übt ein Dirigent Macht aus!

»Wir machen grundsätzlich einen Fehler«, sagt Simone Young, »wenn wir Männlichkeit mit Stärke verbinden und Weiblichkeit mit Sensibilität. Jeder Künstler braucht Stärke *und* Sensibilität, egal ob Mann oder Frau.« Zugleich räumt sie ein: »Jeder Dirigent ist ein Autokrat.«[18] Damit wagt sie sich an ein Thema, das Frauen nur ungern ansprechen: Führung und Macht. Frauen geben sich lieber ein solidarisches, empathisches Image. Ehrgeiz oder berufliche Strategien werden kaschiert, Erfolge als eher »zufällig« heruntergespielt wie auch die Dominanz der errungenen Funktion. »Ich kenne kein natürliches Führungsbedürfnis, für mich geht es immer um das Zusammen-Musizieren«[19], sagt die Gewinnerin des Deutschen Dirigentenpreises Kristiina Poska, derzeit 1. Kapellmeisterin der Komischen Oper Berlin. Auch Anu Tali übt sich im typisch weiblichen Bescheidenheitsgestus. »Eigentlich habe ich nur meinem Professor assistiert, ich habe mich auch nie für Macht interessiert, ich wollte nur Musik vermitteln.«[20] Doch das ist bloß die halbe Wahrheit. Unverstellt wie keine andere bringt Alicja Mounk es auf den Punkt: »Natürlich übt ein Dirigent Macht aus! Ganz sicher! Von außen aus … Ich will die Macht nicht zur Kenntnis nehmen. Trotzdem zwinge ich meinen Willen den Musikern zum Schluss auf.«[21] »Die meisten Frauen meiner Generation«, glaubt allerdings Catherine Rückwardt, »wurden nicht dazu erzogen, Autorität anzustreben. Das mag heute ein wenig anders sein, aber auch nicht wirklich. Zwar haben wir eine Bundeskanzlerin, aber immer noch nicht mehr weibliche GMD als vor 20 oder 30 Jahren.«[22]

Ms Dynamite of French baroque: Emmanuelle Haïm

»Reines Dynamit« nennen sie die Medien, wegen ihrer vitalen Interpretationen. »Ich weiß, dass ich manchmal aufbrause und auch musikalisch etwas übers Ziel hinausschieße, aber das ist gut so und kein Fehler.«[23] Autorität ersetze sie durch Sturheit, sagt Emmanuelle Haïm. Und durch

© akg-images / Marion Kalter

Emmanuelle Haïm

Kompetenz. Die erwarb sie sich als Cembalistin in William Christies Ensemble Les Arts Florissants und als Assistentin von Simon Rattle. 2002 gründete sie das Barockensemble Le Concert d'Astrée. Als Dirigentin sieht sie sich nicht, eher als Prima inter Pares, die »musikalische Projekte leitet«. Der »Probenprozess« sei ein anderer als im modernen Orchester. »Im Barockrepertoire ist kaum etwas notiert, vieles muss gemeinsam entwickelt werden.« Das erfordere hohen Teamgeist. »Moderne Orchester sind festgefügt. Die Welt der Alten Musik ist weniger organisiert. Die Musiker sind Freiberufler. Da ist man eher Freund und Kollege.«[24]

Aus den eigenen Reihen

Auch unter den Frauen? In ihrer empirischen Untersuchung unter Orchestermusikerinnen entdeckte Anke Steinbeck manches Vorurteil.[25] Nach wie vor finden viele eine strenge Arbeitsweise künstlerisch motivierend, assoziieren »Sicherheit und Führung« mit Männlichkeit. Wie sehr dies im Unterbewusstsein verankert ist, wurde auch Marin Alsop klar, als sie sich bei dem Gedanken ertappte: »Als ich einmal ins Flugzeug stieg und drei Frauen im Cockpit sah, dachte ich mir, ›Oh, hier stimmt was nicht‹.« Eine Orchestermusikerin gab in der anonymen Befragung zu: »Bei manchen Werken muss der Dirigent auch Kraft und Gewalttätigkeit zeigen, manchmal Arroganz oder Dekadenz, auch mal ein Schwein sein. Das fällt Männern offenbar leichter.«[26] Umgekehrt weiß Simone Young: »Dirigieren ist, wenn man sein Instrument liebt, aber nicht zwangsläufig zurückgeliebt wird. Vielleicht halten Frauen das schlechter aus, emotional.«[27] Möglicherweise liegt hierin die Basis ihres Erfolgs. Sie habe manchmal eine Einstellung, die an Härte und Imperativ jeden Mann überhole, sagt der einstige Wiener Staatsoperndirektor Ioan Holender über die Australierin.[28]

Maestra Baltica: Anu Tali

»Niemand sagt, wir wollen keine Frauen«[29], berichtet der Agent Jasper Parrott. Und fügt lakonisch dazu: »Es ist nur so.« Harrison Parrott Ltd. mit Hauptsitz in London hat derzeit 56 Dirigenten unter Vertrag. Davon acht Dirigentinnen, darunter auch die Estin Anu Tali. Eine Deutsche sucht man in Parrotts Agentur vergeblich, obwohl viele Dirigentinnen in Deutschland arbeiten, mitunter auch hier studiert haben.[30]

War es vielleicht besser im kommunistischen Osten, der sich die Gleichberechtigung auf die Fahnen schrieb und Kosmonautinnen und Panzerkommandeurinnen hervorbrachte? Nicht unbedingt. Erst kurz vor der Jahrtausendwende rang sich die Tschechische Philharmonie dazu durch, Frauen aufzunehmen. Anu Tali, Tochter einer Mathematikprofessorin und eines Ingenieurs aus Tallinn, hielt das nicht ab. »Ich war fasziniert von den Partituren großer Meister. Ich sah mich nicht unbedingt als Dirigentin – ich dachte eher, ich werde Musikwissenschaftlerin oder Musikprofessorin.«[31] 1997 gründete sie mit ihrer Zwillingsschwester das Nordische Symphonieorchester. »Ursprünglich wollten wir nur ein einziges Konzert spielen. Dann wurde eine ganze Saison draus, es folgte eine weitere, und heute existieren wir immer noch.« Seit 2013 ist Anu Tali zudem Chefin des Sarasota Orchestra in Florida.

Im Fokus der Beobachtung

Die Zeiten sind vorbei, in denen sich der Dirigent als Gebieter oder Hohepriester inszenierte, wie einst Arturo Toscanini, Wilhelm Furtwängler oder Herbert von Karajan. Teamfähigkeit und Förderung des Nachwuchses stehen heute im Fokus der Vermarktungsstrategien der CD-Industrie, wie das Beispiel Simon Rattle zeigt. Dies könnte eine Chance für Frauen sein. Genervt reagieren alle Dirigentinnen allerdings darauf, wenn sie von den Medien auf erotische Klischees reduziert werden. Die Fantasie der Kritiker kennt oft keine Grenzen: »Eisblaue Katzenaugen, tartarisch zart« (Anu

Tali), »rasant auftreiberisches Zauberweib der Barockmusik« (Emmanuelle Haïm), »Stiletto Domina« (Simone Young). Kaum besser, was *DIE ZEIT* schreibt: »Stets haftet den Pultarbeiterinnen etwas Zackiges, Soldatisches an, eine Art Überakkuratesse. Als dürften sie sich nichts zuschulden kommen lassen. Als müssten sie ihr Geschlecht doppelt wettmachen.«[32] Wirklich? »Verhalten wir uns männlich«, beschreibt Inga Hilsberg, Mitbegründerin der Jungen Kammeroper Köln, das Dilemma, »wird uns nachgesagt, wir seien eine Emanze. Kleiden wir uns weiblich, dann heißt es: Was für eine Zicke. Oder: Sie spielt mit ihren Reizen«.[33] Für die russische Dirigentin Anna Skryleva kein Problem: »Während Dirigenten sich in die ›Uniform‹ des Fracks zwängen müssen, haben Frauen viel mehr Möglichkeiten. Ich dirigiere gerne in langen, fließenden Kleidern, oft passend zum Stück.«[34] Marin Alsop kennt all diese Probleme nicht. Dass sie »nie glamourös« war, habe manches einfacher gemacht.

Nur ein Gesetz wird schwer zu durchbrechen sein: je älter, umso mehr Achtung. Pierre Monteux war 86 Jahre alt, als er mit dem London Symphony Orchestra einen 25-Jahres-Vertrag mit der Option auf Verlängerung unterschrieb! Leopold Stokowski 92, als er einen Zehn-Jahres-Vertrag mit der Plattenfirma RCA abschloss. Dirigentinnen aber müssen jung sein. Und jung bleiben. Es sei denn, sie haben den Mut von Blanche Honegger Moyse. Die Dirigentin und Geigerin trat im zarten Alter von 78 Jahren noch in der Carnegie Hall auf.

»Young Rockstar of the Conducting World«: Alondra de la Parra

Jung ist sie, die mexikanische Dirigentin Alondra de la Parra. Die Tochter einer Soziologin und eines Filmwissenschaftlers wusste früh um ihre Berufung. »Es gab einen Taktstock im Haus, und nachts schloss ich mich ein, um vor einem imaginären Orchester zu dirigieren.«[35] Erste Erfahrungen sammelte sie mit dem Schulorchester. Mit 24 gründete sie das Philharmonic Orchestra of the Americas, um die Musik von Nord- und Südamerika zu fördern. Ab 2017 wird sie das Queensland Symphony Orchestra führen. »Es geht nicht darum«, sagt sie, »ob man Frau oder Mann, Mexikaner oder Deutsche ist. Geschlecht, Nationalität, Herkunft, sexuelle Orientierung … Das alles hat nichts mit Musik zu tun.«[36]

Von der Mutter zur Chefin: Xian Zhang

Viele sind die Geschlechterfrage leid. Nicht so Xian Zhang, ab der Spielzeit 2016/17 erste Gastdirigentin des BBC National Orchestra of Wales. Man könne gar nicht genug darüber reden. In ihrer chinesischen Heimat wurde sie von Professorinnen unterrichtet und war erstaunt, dass dies in Europa die Ausnahme ist. Mit 19 dirigierte sie Mozarts FIGARO im Opernhaus in Beijing. 1998 ging sie in die USA, zu ihren Förderern gehört Lorin Maazel, seinerzeit Chef der New Yorker Philharmoniker, der sie zu seiner Assistentin berief. Später wurde sie Chefin des New Jersey Symphony Orchestra und des Giuseppe Verdi Symphony Orchestra in Mailand. Anfangs habe man sie nicht akzeptiert. Als man erfuhr, dass sie zwei Söhne hat, änderte sich dies. »Sie haben vor Müttern einen großen Respekt.«[37]

Anderswo aber könnte eine Babypause das Ende der Karriere bedeuten. Hochschwanger trat Simone Young auf. Marin Alsop ist dankbar, dass ihre Lebensgefährtin den gemeinsamen Sohn betreut. »Es ist schwer, wenn man immer auf Reisen ist«, sagt Emmanuelle Haïm, Mutter einer Tochter. Da drei Viertel ihres Orchesters weiblich sind, hat sie eine Kinderkrippe eingerichtet und einen Ort zum Stillen. Schwierigkeiten hin oder her: »Seid mutig und tut es!«, lautet ihr Appell an alle.

Pultlöwe trifft Rampensau

Über das schwierige Verhältnis von Sängern und Dirigenten

OLAF ROTH

Wieder einmal hatte der renommierte Dirigent während der Probe einen seiner berüchtigten cholerischen Anfälle. Wütend äußerte er seinen Unmut über eine sängerische Fehlleistung. Diesmal aber platzte der osteuropäischen Diva der Kragen. Anstatt es dem unbeherrschten Orchesterleiter nachzutun, setzte sie ihr bezauberndstes Lächeln auf. »Maestro«, gurrte sie mit zuckersüßer Stimme und rollenden Rs. »Sie sind hier, um *mir* Freude zu bereiten und *mich* glücklich zu machen. Nicht umgekehrt!«

Diese zumeist genüsslich kolportierte Anekdote mag aus dem Zusammenhang gerissen sein, die Replik der Primadonna war vielleicht nicht so pointiert formuliert – doch darf sie als paradigmatisch angesehen werden für das nicht unproblematische Verhältnis zwischen Dirigenten und Sängern. Schon rein räumlich stehen die Sänger in einer Opernaufführung *über* dem Dirigenten, der gezwungen ist, zu ihnen aufzublicken. Bei Konzerten ist der Gesangssolist für gewöhnlich ein Stück *vor* dem Dirigenten positioniert, der sich, um einen Einsatz zu geben, in eine unbequeme, leicht seitlich oder rückwärts gewandte Position bringen muss.

Und doch: Die Beziehung zwischen Sänger und Dirigent ist eine leidenschaftliche, oft sogar lebenslange. Die australische Sopranistin Dame Joan Sutherland beschloss irgendwann, nur noch aufzutreten, wenn ihr Gatte Richard Bonynge am Pult stand. Wunderbare künstlerische Partnerschaften wie zwischen Mirella Freni und Herbert von Karajan oder zwischen Kiri Te Kanawa und Sir Georg Solti hatten über Jahre Bestand. Für einen Sänger bedeuten sie freilich manchmal auch Gefahr, führen sie ihn doch zuweilen auf stimmgefährdendes Terrain. »Die oder keine!«, scheinen manche Dirigenten zu denken, wenn sie sich die Besetzung einer Partie mit einer bestimmten Sängerin in den Kopf gesetzt haben, als ginge es hier zu wie auf dem Heiratsmarkt. Eine derartige Nibelungentreue hat auch ihre Schattenseiten, und zuweilen muss sich ein Sänger, der nicht dem ursprünglich geplanten Cast entspricht, den Respekt eines Orchesterleiters geradezu ersingen, wie etwa Edda Moser, deren Königin der Nacht unter Wolfgang Sawallisch schließlich zu einer Referenzaufnahme avancierte und für die die Zusammenarbeit mit dem bayerischen Maestro, die im gemeinsamen Flug

© Gisela Schenker

Christiane Karg

durch das Universum[1] gipfelte, zu den beglückendsten Erlebnissen ihrer weltumspannenden Karriere zählt.

Nicht immer herrscht jedoch eitel Sonnenschein. Sänger werfen Dirigenten vor, nicht auf sie zu achten, das Orchester allzu sehr »aufzudrehen«, Dirigenten raufen sich die Haare ob der tatsächlichen oder vermeintlichen musikalischen Unzulänglichkeiten der Sänger.

Es überrascht also nicht, wenn die junge Sopranistin Christiane Karg, binnen kürzester Zeit zu einer der bedeutendsten lyrischen Stimmen unserer Zeit herangereift, ihre professionelle Beziehung zu Dirigenten mit einer entschiedenen Etikettierung versieht: »gnädig – ungnädig!« Will heißen: Sie weiß um die Nöte des einsamen Menschen, der dort mit dem Rücken zum Publikum vor der 80-köpfigen Schar steht, aber auch um die Ausflüchte, die Tricksereien und Schlampigkeiten, auf welche die Halbgötter in Schwarzweiß durchaus zurückgreifen, wenn sie nicht Herr (oder Frau) der musikalischen Lage sind. Den Blender, der nur auf Show setzt, erkennt dabei zwar nicht immer das Publikum, wohl aber der kluge Sänger.

Dennoch: Karg weiß genau, was Dirigenten zu leisten haben und hat dafür auch »unglaublichen Respekt«. Die Einsamkeit des Dirigenten kennt sie aus eigener Anschauung: »Gerade bei Festspielproduktionen bildet die Besetzung eine eingeschworene Gemeinde und verbringt, zumal im Ausland, auch die Freizeit gemeinsam, der Dirigent bleibt da immer ein wenig außen vor, ja er muss es sogar bleiben.« Ein schwer zu lösendes Grundproblem, wie auch Lothar Zagrosek bestätigt, wenn er die widersprüchliche Situation des Dirigenten folgendermaßen umschreibt: »Alle reden über einen, aber keiner redet mit einem.« Der Bariton Hans Gröning, der sich insbesondere im Bereich Neue Musik einen Namen gemacht hat, stellt fest: »Oft ist Dirigenten gar nicht bewusst, wie sehr sie von uns Sängern wahrgenommen werden.«

Notwendige Distanz

Eine Idealvorstellung eines Dirigenten haben alle hier interviewten Sänger. »Er sollte Sänger als Individuen behandeln«, wünscht sich Christiane Karg. »Er ist derjenige, der den Ablauf des Musikstücks vorausplant und an einem imaginären roten Faden, an seiner Konzeption des jeweiligen Werks, entlangführt – der Meister des Überblicks. Dies hat zur Folge, dass er im Unterschied zu den Ausführenden stets ein klein wenig Distanz wahren muss. Er darf sich von den Emotionen nicht zu sehr anstecken lassen, braucht den klaren Kopf. Darf sich der Musik nicht zu sehr hingeben, der Einzige, der ein bisschen außen vor bleibt.«

Einer, der ihren Idealvorstellungen sehr nahegekommen ist, war Nikolaus Harnoncourt. Obschon der wichtigste Impulsgeber für die historische Aufführungspraxis in der zweiten Hälfte des 20. Jahrhunderts eine neue Art des Musizierens propagierte und dabei auch mit lieb gewordenen Traditionen brach, war er dennoch, wie Christiane Karg erklärt, »nie dogmatisch«. Vielmehr sei er »stets auf der Suche nach der augenblicklich gültigen Wahrheit« gewesen – denn: »Eine absolute Wahrheit gibt es nicht in der Kunst.«

Hans Gröning erwartet von seinem Idealdirigenten, dass er ihm auch das Werk in seiner Gesamtheit nahebringt: »Oft ist man als Sänger zu sehr mit der eigenen Partie beschäftigt. Ein Dirigent kann da – neben wichtigen Hinweisen etwa für die Stilistik – helfen, den Horizont wieder zu weiten. Voraussetzung dafür ist natürlich, dass er das Werk, das er dirigiert, auch liebt!«

Edda Moser schwärmt rückblickend von der Faszination, die von Karl Richter ausging, dessen legendäre Bach-Interpretationen in Anbetracht der äußerst lebendigen (und mittlerweile weitgehend kommerzialisierten) Alte-Musik-Szene inzwischen – vielleicht zu Unrecht – ein wenig in den Hintergrund gerückt sind.

Es fällt auf, dass der Begriff »Technik« in diesem Zusammenhang äußerst selten fällt (Hans Gröning merkt jedoch an, dass »eine klare Eins oft Wunder wirkt«). Präzise Einsätze, das Atmen mit dem Sänger – all das ist entweder eine Selbstverständlichkeit, oder der Sänger versucht sich davon so weit wie möglich zu emanzipieren, da er im Ernstfall ohnehin auf sich selbst gestellt ist. Edda Moser, die bei ihrer ersten Begegnung mit der Spezies Dirigent laut eigener Aussage »ganz fürchterlich geschmissen« hat, konnte sich sogar mit Herbert von Karajans berüchtigter Dirigiertechnik anfreunden: »Karajan hatte ja diese eigenartige Art zu dirigieren, er machte seltsame Wellenbewegungen und hatte dabei die Augen geschlossen. Doch genau im richtigen Moment, kurz vor dem Einsatz des Sängers, machte er die Augen auf, sah einen an – und der Einsatz kam perfekt. Er trug einen wirklich auf Händen.«

Auch die Anwesenheit während der (szenischen) Proben ist ein Qualitätsmerkmal des idealen Dirigenten. »Nur die Endproben zu absolvieren geht überhaupt nicht«, findet Christiane Karg und wünscht sich zudem im alltäglichen Musiktheaterbetrieb mehr Proben auch für zentrale Werke des Opernrepertoires: »Eine Probe für eine Repertoirevorstellung der Zauberflöte zu bekommen, ist fast unmöglich!«, so Karg.

Gerade im Opernrepertoirebetrieb tauchen Probleme auf, die mitunter einer zu knappen Probenzeit geschuldet sind. »Als Sänger muss man die Disziplin entwickeln, sich an musikalische Verabredungen zu halten«, wirft Hans Gröning ein. Umgekehrt findet er: »Ein idealer Dirigent spürt genau, an welcher Stelle ich ihn brauche.«

»Oft werden Proben viel zu früh beendet«, kritisiert Christiane Karg so manchen Orchesterleiter, »sei es, um dem Chor zu gefallen oder dem Orchester. Für einen Moment mag das vielleicht stimmen, aber wenn diese Zeit dann am Ende fehlt oder es dazu führt, dass nicht genügend ins Detail gegangen wurde, ist das fatal. Orchester beschweren sich zwar gern, aber im Grunde *wollen* sie arbeiten. Und das gilt auch für die Sänger. Wer ein gewisses Qualitätsniveau erreicht hat, will intensive Probenarbeit leisten.«

Genau deshalb lobt Bariton Michael Volle den Dirigenten Anthony Pappano: »Auf keinen Fall darf der Dirigent einem Selbstzweck, der eigenen Eitelkeit frönen, arrogant und herablassend sein, herum- und zusammenschreien, sich ›schaumschlägerisch‹ betätigen. Anthony Pappano, Chef des Royal Opera House Covent Garden in London – mit dem ich das Glück hatte, drei Neuproduktionen zu erarbeiten – scheint mir nahezu ›perfekt‹ zu sein: Er ist fast durchgehend beim Probenprozess anwesend, dabei ungemein engagiert und auch am szenischen Erarbeiten interessiert; dazu kommen seine überbordende Musikalität und sein profundes Wissen in Sachen Gesang und Technik – einfach ein Traum!«

Unerwartete Begegnung im Orchestergraben

Befragt nach ihrer ersten Begegnung mit einem Dirigenten, kommen erstaunliche Unterschiede bei den hier interviewten Sängern zutage.

»Durchaus positiv«, resümiert etwa Michael Volle seinen Erstkontakt und erinnert sich an Auftritte als 14-Jähriger im Posaunenchor (mit Dirigent) in der väterlichen Pfarrgemeinde. Weitere Erfahrungen in anderen Bläsergruppen, klassisch oder in Big-Band-Formation sowie in Orchestern folgten. Die Brücke zum Sängerdasein schlug seine Mitgliedschaft bei den Neuen Vocalsolisten Stuttgart unter Manfred Schreier. »Der perfekte Start in den Beruf!«, schwärmt Volle auch noch Jahre danach.

Bei Edda Moser, der »Primadonna im All«, lief es dagegen ganz anders. Bis zur Entsendung ihrer Aufnahme der Arie der Königin der Nacht an Bord der Raumsonde Voyager 2 war es ein weiter Weg. Erstaunlicherweise war Moser bis zu ihrem ersten Auftritt am Stadttheater Würzburg noch niemals einem Dirigenten begegnet! Sie sollte den Siebel in Gounods Faust (Margarethe) ohne eine einzige Orchesterprobe (!) singen, hatte also die Rolle nur mit dem Korrepetitor am Klavier einstudiert. Dann kam die Aufführung. »Es war die Katastrophe

pur«, resümiert sie heute die unver-
hoffte Begegnung. »Ich kam auf
die Bühne und sah diesen Mann da
unten stehen, der den Takt schlug
und Zeichen gab. Man hatte uns
auf dem Konservatorium einfach
nicht beigebracht, was die Aufgabe
dieses Mannes war!«

© Andreas Biesenbach

Edda Moser

Das dürfte sich inzwischen fun-
damental geändert haben, aufgrund
der verbesserten Ausbildungssitu-
ation wie auch der medialen Omni-
präsenz der Dirigenten. Der Bariton Matthias Winckhler, der am
Anfang einer verheißungsvollen
Karriere steht, hat beim Chorsingen erste positive Erfahrungen mit Dirigenten gemacht. Heute ist er im Konzertbereich sehr erfolgreich und
tritt mit namhaften Orchestern und Dirigenten im In- und Ausland auf.
Vor Kurzem hat er sein erstes Opernfestengagement – an der Staatsoper
Hannover – angetreten. Bereits jetzt kann er jedoch – dank seiner pro-
funden Ausbildung wie auch aufgrund seiner bisherigen Erfahrungen –
genau benennen, was ihm aus Sängersicht bei Dirigenten wichtig ist: »Er
muss das Werk in- und auswendig kennen, mir viel darüber erzählen
können. Und er muss soziale Qualitäten haben! Die Harmonie muss da
sein.«

Hans Gröning – ursprünglich vom Schauspiel kommend – fand
den Einstieg ins Sängerleben über den Extrachor der Deutschen Oper
Berlin. Der Bariton erinnert sich: »Da stand man plötzlich neben Sän-
gerlegenden wie Matti Salminen, und der Dirigent da vorne war unheimlich weit weg. Aber uns dirigierte ja ohnehin der Chordirigent
von der Seite.«

Nach wir vor scheinen die Möglichkeiten, bereits während des Ge-
sangsstudiums mit einem Dirigenten und einem Orchester in Kontakt
zu treten und zusammenzuarbeiten, begrenzt zu sein. Abhilfe schaffen
kann ein Chor, obwohl Chorsingen für viele künftige Solisten nach
wie vor tabu ist. So hat auch Christiane Karg im Chor der Bamberger
Symphoniker wichtige Erfahrungen gemacht: »Zunächst einmal ist es
wunderbar, mit Orchester zu singen – auch im Chor. Und das Chorsingen schärft die Genauigkeit. Man lernt, sich zurückzunehmen, auf
die anderen zu hören. Mit der Zeit stellte ich aber fest, dass mich im
Chor zu singen nervöser machte als solistisch zu singen! Man ist als
Solist einfach freier, muss nicht ständig penibel auf das gemeinsame
Absprechen der Konsonanten und dergleichen achten.«

Wie hätten Sie's denn gern?

© Wilfried Hösl

Michael Volle

Die Frage, ob Sänger auch ein Mitspracherecht bei der musikalischen Gestaltung haben, hängt eindeutig vom jeweiligen Dirigenten ab. »Sänger können, gerade bei Vokalwerken, natürlich fachspezifische Aspekte vermitteln, etwa bezüglich Phrasierung, Gesangstechnik, was technisch machbar ist, was nicht. Dies ist manchem Dirigenten nicht so geläufig«, erklärt Michael Volle und fügt im selben Atemzug hinzu: »Es sollte *immer* ein Miteinander sein – eigentlich selbstverständlich, aber nicht immer gegeben –, ohne dass dem Dirigenten eine ›Leitungsfunktion‹ abgesprochen wird.«

Doch der partnerschaftlichen Zusammenarbeit sind auch Grenzen gesetzt. »Nicht jeder kann mit seinen eigenen Tempovorstellungen kommen«, meint Christiane Karg. Und nicht jeder besitzt das Selbstbewusstsein einer Edda Moser: »Einmal war ich mit einem Tempo, das Hans Werner Henze anschlug, nicht einverstanden. Ich hätte das Stück so nicht singen können. Und da sagte ich während der Probe einfach zu ihm: ›Hans, das ist zu schnell!‹ Die Orchestermusiker – es waren die Berliner Philharmoniker – schauten mich verdutzt an. Wie konnte ich es wagen, einem Dirigenten, der obendrein auch noch der Komponist war, Vorschriften zu machen! Doch Henze reagierte ganz gelassen und fragte: ›Wie schnell hättste es denn gern?‹« Der Mut, den Edda Moser damals an den Tag legte, lässt sich aus ihrer Überzeugung ableiten, dass es fürs Musizieren tödlich ist, wenn ein Dirigent einem Sänger seine Vorstellungen aufzwingt: »Die, die einem etwas oktroyieren, verstehen nichts vom Singen«, so das Credo der Sopranistin, die mit allen großen Dirigenten von Maazel bis Giulini immer wieder äußerst erfolgreich zusammengearbeitet hat.

»Als junger Sänger war ich überrascht, als ein Dirigent mich zum ersten Mal fragte, ob ich bestimmte Vorstellungen von einem Stück hätte«, gibt Matthias Winckhler zu und bestätigt so indirekt das gängige Bild vom autoritären Pultlöwen. »Mittlerweile bringe ich mich jedoch ein und traue mich, von mir aus Vorschläge zu machen. Da geht es etwa um Tempi, um Phrasierungen, um die Betonung, Hervorhebung oder Färbung bestimmter Wörter – beispielsweise in den Rezitativen einer Bach-Passion. Etwas weniger Spielraum hat man bei Repertoire-Aufführungen in der Oper. Hier stehen die Tempi ja schon weitgehend fest. Da muss der Sänger also seine eigenen Vorstellungen in den Gesamtkontext einordnen. Es sei denn, man ist Anna Netrebko oder Jonas Kaufmann, dann folgt einem der Dirigent wahrscheinlich automatisch!«

Heute ist das Miteinander auf Augenhöhe also durchaus gegeben, das streng hierarchische Gefüge ordentlich ins Wanken geraten. Und dennoch lauern Gefahren: »Dirigenten können einen hängenlassen«, weiß Christiane Karg. Matthias Winckhler spricht das gefürchtete »Zudecken« der Dirigenten an, wenn die Sänger vom massiven Orchesterklang übertönt werden. Was auch den prominentesten Sängern

Matthias Winckhler

© Shirley Suarez

passieren kann. Die amerikanische Mezzosopranistin Marilyn Horne etwa schäumte vor Wut auf Herbert von Karajan, so erzählt man sich, als dieser sie bei ihrem Salzburg-Debüt als Amneris gleichsam in den (Orchester-) Fluten des Nils (oder der Salzach) ertrinken ließ. »Man muss sich auf einen Dirigenten verlassen können«, erklärt Edda Moser. »Was morgens auf der Probe festgelegt wurde, sollte am Abend auch so ausgeführt werden.« Vertrauen also als Schüsselwort für die fragile Beziehung zwischen Sänger und Dirigent. Schwierigkeiten können dann auftreten, wenn bei den Proben getroffene Übereinkünfte während der Vorstellung nicht eingehalten werden. »Bernstein war gefürchtet – bei Orchestern wie Sängern –, weil er sich nur selten an Absprachen hielt«, erinnert sich Edda Moser. »Aber wenn man das wusste und einkalkulierte, kam man bestens mit ihm aus.«

Wäre es da nicht wünschenswert, dass möglichst viele Sänger zum Taktstock greifen, weil sie aus eigener Erfahrung um die Nöte ihrer Kollegen wissen? Christiane Karg spricht sich eher gegen einen solchen Wechsel aus, da sie fest von der Bedeutung der handwerklichen Seite der Kunst überzeugt ist. Wie aber sieht es mit der Gender-Frage aus? Dirigieren Frauen anders? Christiane Karg bestätigt dies und verweist auf Emmanuelle Haïm und ihre ganz spezifische Gestik. Für Edda Moser bleibt der Dirigierberuf eher eine Männer-Domäne. Da passt es ins Bild, wenn sie die Voraussetzung für eine gelungene Probe mit Dirigent wie folgt beschreibt: »Man muss perfekt vorbereitet sein. Nur dann ist man in der Lage, den Dirigenten zu empfangen.« Michael Volle kann am Pult keinen prinzipiellen

Unterschied zwischen den Geschlechtern feststellen, merkt aber kritisch an: »Leider scheint es manchmal – ich denke, zum Glück immer seltener – nach wie vor nichts ›Normales‹ zu sein z. B. für manche (eher älteren?) Orchesterkollegen, dass vorne eine Frau steht.« Hans Gröning vermutet, dass »eine Frau am Dirigentenpult – ebenso wie in anderen Berufen auch – (noch) mehr leisten muss als ein Mann, um sich zu behaupten«.

»Meine Erfahrung ist, dass eine Frau am Dirigentenpult Kritik viel einfühlsamer vermitteln kann«, steuert Matthias Winckhler einen nicht unwichtigen Aspekt bei. Daran, dass Frauen anders dirigieren, glaubt er nicht recht. »Vielleicht ist es letztlich eine Frage unserer Wahrnehmung, die wiederum von der gesellschaftlichen Konditionierung abhängig ist.«

Prima la musica, dopo la scena?

Ein ewiger Stein des Anstoßes ist das Dreiecksverhältnis Dirigent-Regisseur-Sänger. Hier ist der Sänger in der Zwickmühle: Schlägt er sich in Konfliktfällen auf die Seite des Dirigenten, macht ihm unter Umständen der Regisseur das Leben schwer. Hält er zum Regisseur, hat er möglicherweise musikalisch einen schweren Stand. Nur selten sind die Bedingungen so perfekt wie in der Produktion von Mozarts LA FINTA GIARDINIERA in Glyndebourne: »Gerade unter den idealen Bedingungen eines Festivals kann eine sehr intensive Zusammenarbeit zwischen Regisseur und Dirigent entstehen, das Teamwork zwischen Robin Ticciati, Freddy Wake-Water und den Sängern war fantastisch«, schwärmt Christiane Karg, die Sandrina der Produktion. Gerade die Assistenten, sowohl des Regisseurs als auch des Dirigenten, sollten als Vermittler fungieren, schlägt Edda Moser vor. Und Hans Gröning erinnert sich voller Dankbarkeit an die vermittelnde Rolle eines Dirigenten, als der Sänger Mühe mit einem Einsatz hatte: »Da hinten ist die Akustik nicht so gut. Kommen Sie doch weiter nach vorne«, sagte der Orchesterleiter für alle Beteiligten der Bühnenprobe deutlich vernehmbar und half so dem Sänger aus seinem szenisch-

© Sebastian Hänel

Hans Gröning

musikalischen Dilemma. Gröning spricht auch ein akustisches Problem an, das nicht jedem Dirigenten während einer Aufführung bewusst zu sein scheint: »Trotz für den Zuschauer nicht hörbarer Übertragung der Klänge aus dem Orchestergraben auf die Bühne sind wir Sänger zum Teil auf den Blickkontakt zum Dirigenten angewiesen.« Doch ganz unabhängig von einem Einsatz wünscht sich Gröning von Zeit zu Zeit einen je nach Gemütslage aufmunternden oder beruhigenden »Alles-in-Ordnung-ich-gehe-mit-dir!‹-Blick« des Pultchefs, wie er ihn etwa bei Friedemann Layer, Uwe Sandner oder Dirk Kaftan erlebt hat.

Welchen Rat geben die hier in diesem Kapitel vertretenen Sänger dem Dirigentennachwuchs? Sprachkenntnisse seien unabdingbar, meint Edda Moser und findet lobende Worte für Michael Boder, der, als er bei Riccardo Muti assistierte, vorab in Florenz einen Crash-Kurs in Italienisch absolvierte, um fit für den Maestro zu sein. Und sie führt weiter aus: »Wenn ein Dirigent eine russische Oper macht, muss er auch Russisch können!«

Zweimal fällt bei den hier interviewten Sängern der Begriff »Demut«, am häufigsten aber werden »Charisma« und »Persönlichkeit« genannt. Sich Ersteres zu erwerben, um zu Zweiterem heranzureifen, das scheint die Quadratur des Dirigenten-Kreises zu sein. Michael Volle präzisiert: »Man sollte nicht dem scheinbar schnell verdienten Euro hinterherrennen, sondern sich dieses wunderbare Gewerbe von der Pike auf erarbeiten. Dazu immer offen sein für Anregungen, Kritik, Lob und Herausforderungen – nur so geht's vor- und aufwärts!« Christiane Karg tadelt die Tendenz angehender Dirigenten, »nicht mehr korrepetieren«, sondern »gleich dirigieren« zu wollen, wie sie ohnehin die Gefahr sieht, dass die Position des Generalmusikdirektors allmählich ausgehöhlt wird, weil »niemand mehr die Verantwortung für das Musikleben eines ganzen Hauses« übernehmen wolle. Hans Gröning erkennt an, dass man sich – YouTube und Co. sei Dank – ein Werk heute »wesentlich schneller als früher ›draufschaffen‹« könne, gibt aber zu bedenken, dass gewisse Dinge einfach Zeit brauchen: »Ein spezifisches Tempo muss man in der Arbeit erst gemeinsam finden.«

Doch zeichnet sich zumindest aus Sängersicht ein Paradigmenwechsel ab. Die Zeiten des autoritären Dirigenten, zu dem Sänger in blindem Gehorsam aufblicken, scheinen vorbei zu sein. Vorbei auch das an die Rampe Drängen und wie hypnotisiert auf den Maestro Blicken. Vertrauen prägt das Verhältnis zu den Dirigenten, insbesondere, wenn man zu ein und derselben Generation gehört. Zwischen Daniel Harding und Christiane Karg etwa ist eine jener künstlerischen Partnerschaften entstanden, die hoffentlich noch lange halten. Michael Volle hat gleich einen ganzen Katalog an Empfehlungen für junge Maestri: »Egal, ob Oper oder Konzert – ein Dirigent muss fordern, fördern, tragen, tadeln, begleiten, führen, loslassen, zusammenhalten, inspirieren, annehmen.« Und er fügt hinzu: »Alles im Dienste des Werks!«

Von »klingenden Händen« und »volksnahen Monarchen«

Dirigentenausbilder zwischen Vaterfigur und Coach

SABINE BAYERL

Weimarer Teamgeist

»Kann man Dirigieren lehren?« Nicolás Pasquet lacht. »Nein, natürlich nicht«, erwidert der Weimarer Dirigierprofessor, der ursprünglich aus Montevideo stammt, auf diese Frage. »Man kann die Technik lehren, aber das Feuer, die Leidenschaft muss einem Musiker von Anfang an innewohnen. Das betrifft übrigens alle – nicht nur diejenigen, die später einmal Dirigent werden wollen.«

Wir treffen uns in einem Café in Frankfurt, unweit der Hochschule für Musik und Darstellende Künste. Nicolás Pasquet ist auf der Durchreise, er will in der vorlesungsfreien Zeit drei Wochen in seiner Heimat verbringen, wo jetzt, im Februar, Sommer ist. Seine Ferien wird der Dirigent nicht zuletzt dazu nutzen, mehrere Partituren zu studieren – Werke, die er selbst in einigen Monaten aufführen wird, und solche, die seine Studenten gerade erarbeiten. »Oft genug kommt es vor, dass sie Stücke mit mir durchnehmen wollen, die ich gar nicht kenne – Neue Musik zum Beispiel –, und da sollte ich zumindest mitreden können.«

Seit Mitte der 1990er-Jahre lebt und lehrt Nicolás Pasquet in Weimar. Als die dortige Hochschule für Musik »Franz Liszt« ihm eine Professur für Dirigieren anbot, hat er sofort zugegriffen. Obwohl dies bedeutete, die eigene Karriere als Dirigent weitgehend aufzugeben. »Die Entscheidung ist mir nicht leicht gefallen. Manches Mal habe ich sie vielleicht auch bereut. Aber pädagogisch tätig zu sein hat mich einfach schon immer gereizt. Als Dirigierprofessor tritt man bewusst in die zweite Reihe, entscheidet sich gegen seine eigene Karriere. Die Erfolge von mir sind jetzt die Erfolge meiner Studenten. Ich liebe diesen Beruf. Und die jungen Leute, mit denen ich zusammenarbeite, geben mir viel. Sie sind unglaublich gut, erstaunlich reif und klug – dabei sind sie oft kaum älter als 20 Jahre oder noch nicht mal.«

Etwas mehr als ein Dutzend Studierende sind derzeit für das Fach Dirigieren an der Hochschule für Musik »Franz Liszt« eingeschrieben. Sie gehören zu den Happy Few, denn die Plätze in diesem Studienfach sind heiß umkämpft, und vor allem Weimar hat seit geraumer Zeit einen hervorragenden Ruf als »Kaderschmiede« für Dirigenten – national wie international. Nicht unbedingt zur Freude von Nicolás Pasquet hat der Bologna-Prozess auch vor den Musikhochschulen nicht Halt gemacht. So können Studierende der Fächer Chor- oder Orchsterdirigieren in acht Semestern in Weimar einen Bachelor-Abschluss erlangen, weitere vier Semester sind im Anschluss für einen Master vorgesehen. Zum künstlerischen Aufbaustudium mit Abschluss Konzertexamen erhalten nach erfolgreichem Master nur sehr wenige Studierende Zugang, die Qualitätskriterien sind hoch, und wer in der zweiten Aufnahmeprüfungsstufe vor der großen Kommission der Musikhochschule bestehen will, muss Überdurchschnittliches leisten.

Die erste große Hürde auf dem Weg aufs Dirigentenpodest wartet jedoch bereits vor Studienbeginn: die anspruchsvolle Aufnahmeprüfung, in der so mancher hoffnungsvolle Jung-Dirigent seine Träume platzen sieht – zumindest vorläufig. Jede Hochschule handhabt die Auswahl ihrer Studierenden individuell. An der Hochschule für Musik »Franz Liszt« wartet auf den Studienanwärter ein vier- bzw. fünfteiliger Prüfungsmarathon; die Eignungsprüfung ist beendet, wenn ein Teil nicht bestanden wird.

Im Hauptfach Orchesterdirigieren gilt es zunächst, drei Werke zu dirigieren, darunter eine komplette Beethoven-Sinfonie. Gezeigt werden muss, dass eine Vorstellung des Werkes ebenso vorhanden ist wie eine gewisse technische Grundausbildung. Wer die erste Runde, die im Normalfall mit Klavier(en) stattfindet, erfolgreich absolviert hat, darf ein Werk, das etwa drei Wochen vor Prüfungstermin bekannt gegeben wird, mit einem Instrumentalensemble einstudieren. »Hier trennt sich die Spreu vom Weizen«, so Nicolás Pasquet. »Klingen seine Hände oder klingen seine Hände nicht – so kann man zusammenfassen, wonach wir suchen, wenn wir uns bei der Dirigierprüfung mit der Kommission die Bewerber ansehen.« Denn auch ein 19-Jähriger, der noch nie vor einem Orchester gestanden hat, kann seine Vision in 15 bis 20 Minuten umsetzen und den Klang verändern. »Die Kandidaten müssen das Charismatische und den Willen zur Führung haben. Das ist es, was wir in der Aufnahmeprüfung suchen. Wir suchen natürlich auch technisches Können, die Anwärter müssen wahnsinnig gut auf ihrem Instrument sein und eine motorische Begabung besitzen. Wenn aber jemand vor dem Orchester steht und sich nicht traut, zwei Worte zu sagen, oder wenn jemand keine Vision hat, was er musikalisch ausdrücken möchte, dann ist er nicht geeignet. Der Dirigent hat ja kein Instrument, sein Instrument ist das Orchester.«

Neben dem gewissen Etwas, das einen guten Dirigenten auszeichnet, ist eine adäquate Vorbereitung auf die Aufnahmeprüfung jedoch das A und O, denn die Anforderungen für angehende Studenten des Fachs Dirigieren sind – nicht nur in Weimar – nochmals deutlich höher als für reine In-

strumentalisten. Wie er diese Vorbereitung organisiert, bleibt dabei jedem
Bewerber selbst überlassen. Die Hochschule bietet keine vorbereitenden
Kurse an, lediglich ein einmaliger Konsultationsunterricht bei Professor
Pasquet liefert Studienwilligen wichtige Hinweise, woran gearbeitet werden muss. Dass die Aufnahmeprüfung »eine schwierige Sache« ist, gibt
auch Nicolás Pasquet unumwunden zu. »Aber die jungen Leute, die wirklich für das Dirigieren brennen, schaffen es und kommen exzellent vorbereitet.« Es passiere auch immer wieder, dass ein Studienanwärter der
Kommission in der Dirigierprüfung unheimlich gut gefalle, dass er enorm
begabt sei, aber in seinem Instrument mit Pauken und Trompeten durch-
fällt. Dann hat er auch die Aufnahmeprüfung nicht bestanden. »Wir sehen
unser Studienangebot schließlich nicht als unilaterale Ausbildung«, meint
Nicolás Pasquet. »Ein Student ist nur so gut als Dirigent, wie er auf seinem Instrument ist. Man muss an sich selbst einen hohen instrumentalen
Anspruch haben, um später, wenn man vor dem Orchester steht, diesen
auch von den Instrumentalisten einfordern zu können.«

© Guido Werner

Nicolás Pasquet

Neben dem Dirigieren bilden die Korrepetition und das Klavieraus-
zug-Spiel einen weiteren wichtigen Teil der Eignungsprüfung. War früher
für angehende Dirigenten die sehr gute Beherrschung des Klaviers obliga-
torisch – in Deutschland der Tradition geschuldet, die eine Laufbahn als
Korrepetitor und Kapellmeister am Musiktheater vorsah –, so sind heute
auch andere Orchesterinstrumente für Studierende des Fachs Dirigieren
möglich. Kandidaten mit Schwerpunkt Klavier müssen zum einen zwei
Opernszenen mit stimmlicher Darstellung vortragen, danach folgt ein Test
in unvorbereitetem Blattspiel. Für Anwärter mit einem Orchesterinstrument als Schwerpunkt fällt der erste Abschnitt dieses Prüfungsteils weg.

Sie müssen im dritten Prüfungsabschnitt zwei stilistisch unterschiedliche Klavierwerke zu Gehör bringen, während von Bewerbern mit Klavier als Hauptinstrument vier Werke vorzubereiten sind. Wer sich mit
einem Orchesterinstrument für das Dirigierstudium bewirbt, muss darüber hinaus eine instrumentenspezifische Prüfung ablegen, deren Schwie-
rigkeitsgrad der Aufnahmeprüfung für das Hauptfach im jeweiligen Instrument entspricht. Da Dirigenten auch über eine gute Gesangsstimme
verfügen sollten, wird in einem abschließenden Prüfungsteil der Vortrag
eines Liedes erwartet und ein sogenannter Blattsinge-Test durchgeführt.

So hoch die Hürde für die Aufnahme an die Weimarer Musikhochschule liegen mag, »es ist unglaublich, wie sich das Niveau der jungen
Leute in den letzten 20 Jahren verändert hat«, konstatiert Nicolás Pasquet. »Wir schicken heute in der Aufnahmeprüfung Leute weg, die wir
vor 15 Jahren mit Kusshand genommen hätten.«

Hat ein Student die Kommission überzeugt und einen der begehrten
Plätze in Weimar ergattert, besteht der Unterricht bei Nicolás Pasquet
zu einem großen Teil darin, sich über ein Werk und mögliche Interpretationsansätze auseinanderzusetzen – ein Austausch, der für beide
Seiten fruchtbar ist und »unglaublich spannend«, wie Pasquet gesteht.
»Der Komponist hat einen Klang im Kopf, den er in Noten umsetzt.
Aber die Notation ist eine ganz unvollständige und ungenaue Schrift,
vor allem, weil diese Schrift auch keine Gefühle ausdrücken kann. Es
ist unsere Aufgabe, den Studenten den Respekt vor den Werken zu vermitteln.« Dabei kann der Weg zum eigenen Dirigierstil durchaus auch
über die Verinnerlichung von Interpretationen großer Meister des Diri-
gierfachs führen. Auf YouTube und ähnlichen Plattformen können sich
Studenten ansehen, anhören und vergleichen, wie etwa ein Nelsons, ein
Abbado oder ein Harnoncourt ein bestimmtes Werk angeht. »Ich emp-
fehle meinen Studenten durchaus, einmal etwas nachzudirigieren, aber
nicht, indem sie es imitieren, sondern indem sie wirklich nachvollziehen,
warum ein Dirigent was macht.« Aus dem Wissen um Interpretations-
möglichkeiten und basierend auf den gesammelten Erfahrungen können
sich eigene Ansätze entwickeln. Besonders wichtig sei es daher für alle

Studierenden, so häufig es geht in den Proben anderer Dirigenten zu sitzen, sich anzusehen, wie sie arbeiten, wie sie das Orchester für ihren Ansatz gewinnen und die Musiker abholen.

An Komplexität ist die Aufgabe eines Dirigenten wohl kaum zu überbieten. Wenn ein Studienanfänger das erste Mal vor einem Klangkörper steht, ist er häufig komplett überwältigt von den Anforderungen des Probenprozesses: Mit einem Teil seines Gehirns muss er analysieren, was im Probenverlauf passiert ist, welche Fehler gemacht wurden, während er parallel den Notentext weiter dirigiert und nach vorne denkt, bis er schließlich abbricht, um Korrekturen vorzunehmen. Für eine effektive Arbeit mit dem Orchester ist daher eine gute Probentechnik entscheidend – diese lässt sich im Unterricht an der Hochschule allerdings nur schwer lehren und lernen. Hier ist das Feedback, das beispielsweise auch die Mitstudenten geben, die am Klavier von einem Studierenden dirigiert werden, enorm wichtig. Oft entstehen so im Unterricht lebhafte Diskussionen.

Was die Beherrschung der deutschen Sprache anbelangt, geht die Weimarer Musikhochschule mittlerweile bei der Auswahl ihrer Studierenden keine Kompromisse mehr ein. Dies, obwohl Pasquet sich neben seiner Muttersprache Spanisch und der deutschen Sprache, die er perfekt beherrscht, auf Englisch, Italienisch, Französisch und mit ein paar Brocken Ungarisch mit seinen Studenten verständigen könnte. »Wir sind der Meinung, wer in Deutschland studieren will, muss in der Lage sein, auf Deutsch mit einem Orchester zu kommunizieren. Außerdem muss er auch zum Beispiel eine ZAUBERFLÖTE auf Deutsch verstehen.« Für Fächer wie Musiktheorie oder Musikgeschichte sei ein gutes Deutsch ebenfalls unabdingbar; immer wieder habe man erlebt, dass Studenten in diesen Fächern aufgrund mangelnder Sprachkenntnisse die Prüfung nicht schaffen.

Eine Zeitlang habe man in Weimar überlegt, ob man es wie in England machen und nur postgradual studieren lassen solle. »Aber wir sind zu dem Schluss gekommen, dass es besser ist, die Studierenden von jung an in ihrem Reifeprozess zu begleiten. Das bringt natürlich auch eine große Verantwortung mit sich.« Die circa 16 auf die vier Bachelor-Jahre sowie das postgraduale Studium verteilten Dirigierstudenten werden – dies ist eine Weimar Besonderheit – von zwei Professoren gemeinsam in einer Klasse betreut: Nicolás Pasquet unterrichtet den Schwerpunkt Sinfonik, die andere Professur, die momentan neu besetzt wird, den Schwerpunkt Musiktheater. Jeder Student wird individuell betreut und erhält seinen ganz persönlichen Semesterplan, der unter anderem auf seine eigenen Projekte abgestimmt ist. Ein Konzept, das beim Nachwuchs ankommt: Bei der Aufnahmeprüfung im Januar 2016 konkurrierten 45 Bewerber um einen einzigen Studienplatz.

»Praxis, Praxis, Praxis« – sie sei das Wichtigste für die Studierenden im Fach Dirigieren, so Pasquet. Weimar ist in der glücklichen Lage, den

© Partrick Pfeiffer

Nicolás Pasquet bei einem Dirigierkurs des Dirigentenforums
in Konstanz, 2015

Studenten sehr viele Möglichkeiten anbieten zu können, um praktische
Dirigiererfahrungen mit Orchestern zu sammeln, denn erfreulicherweise
hat sich das Bewusstsein der Orchester in den letzten Jahren gewandelt.
Legten sie vor 10 bis 15 Jahren gegenüber dem dirigentischen Nachwuchs
noch eine sehr verschlossene Haltung an den Tag, so ist heute vielen
Klangkörpern klar, dass erfahrene Dirigenten nicht vom Himmel fallen
und sie sich daher dem Nachwuchs öffnen müssen – ein Bewusstseins-
wandel, bei dem Pasquet zufolge auch das Dirigentenforum, »ein Leucht-
turm für die Studierenden«, eine enorm wichtige Rolle gespielt hat. So
bestehen an der Hochschule »Franz Liszt« enge Kooperationen etwa mit
der Staatskapelle Weimar oder mit den Philharmonien in Jena und Gotha.
Drei- bis viermal jährlich unternehmen die Studenten zudem Reisen nach
Tschechien, wo für eine ganze Woche Orchester gemietet werden. Bei der
intensiven Arbeit dort lernen die jungen Leute oft mehr als in einem ganzen Semester an der Hochschule. »Als Jorma Panula noch an der Sibelius-
Akademie in Helsinki aktiv war, war dies in Europa sicher die erste Ad-
resse für Dirigierstudenten«, meint Nicolás Pasquet. »Inzwischen zehrt
die Sibelius-Akademie zwar noch von diesem Ruf, die Situation hat sich
aber gewandelt. Denn warum war die Sibelius-Akademie so phänomenal
gut? Weil der Unterricht fast zu 100 Prozent auf die Praxis ausgerichtet
war. Und in dieser Hinsicht holt Deutschland jetzt gewaltig auf.«

Auch international zieht es die Studenten neben Zürich oder Wien, wo
der Schönberg-Schüler Hans Swarowsky nach dem Zweiten Weltkrieg
eine wichtige Dirigentenschule aufbaute, heute bevorzugt nach Deutschland. Derzeit bieten 21 der insgesamt 24 staatlichen, in der Rektorenkon-
ferenz zusammengeschlossenen deutschen Musikhochschulen Studien-
gänge im Fach Dirigieren, Orchesterdirigieren bzw. Orchesterleitung an.
Ans Pult gelangen junge Dirigenten nach dem Studium in Deutschland
sehr häufig immer noch über den klassischen Kapellmeisterweg, als Korrepetitor, 2. und schließlich 1. Kapellmeister lernen sie das Musiktheater-
Handwerk von der Pieke auf. Und dann sind da noch die Wettbewerbe:
»Auch wenn Béla Bartok einmal gesagt hat, *competitions are for horses
not for persons* – für Quereinsteiger führt an der erfolgreichen Teilnah-
me an Wettbewerben meist kein Weg vorbei«, meint Nicolás Pasquet.
Nur hier könnten sie beweisen, welche Qualitäten in ihnen stecken, und
würden im Idealfall von großen Konzertagenturen, ohne die auf dem
freien Markt heute so gut wie gar nichts mehr läuft, entdeckt und unter
Vertrag genommen.

Nicht lehrbar und der individuellen Bewältigung jedes einzelnen
Nachwuchsdirigenten anheimgestellt, sei freilich der Umgang mit der
Einsamkeit, die die Position des Pultchefs nun einmal mit sich bringe.
Eine Herausforderung, vor der zwar auch viele Führungskräfte stehen,
die Dirigenten aber in potenzierter Form erfahren, daraus macht Nicolás
Pasquet keinen Hehl. Er gibt seinen Studenten mit auf den Weg, mit dieser
Einsamkeit leben zu lernen, denn ist der Schlussapplaus verklungen, ist
die Diskrepanz zwischen der Euphorie der Vorstellung und der Einsamkeit des Hotelzimmers für so manchen nicht leicht zu verkraften. An der
Weimarer Musikhochschule sind die angehenden Dirigenten von derarti-
gen Härten des Berufsalltags allerdings noch weitgehend abgeschirmt.
Trotz der Konkurrenz geht es hier familiär zu. Dass es ihm zusammen
mit seinen Kollegen gelungen ist, eine von Teamgeist und Wir-Gefühl
geprägte Atmosphäre zu schaffen, darüber ist der Professor besonders
glücklich.

Eines wird, lauscht man den engagierten Ausführungen von Nicolás Pasquet, sehr deutlich: Das Verhältnis Dirigierlehrer/Student kann,
stimmen die Rahmenbedingungen, eine für alle Seiten beglückende und
inspirierende künstlerische Gemeinschaft sein. Doch so gut der Lehrer
auch sein mag, so hervorragend die Studienbedingungen an der Hochschule, das Wichtigste kann Pasquet seinen Studenten nicht beibringen:
»Wir machen keine Dirigenten. Ich habe in meinem Leben noch nie einen
Dirigenten gemacht. Er war schon einer. Ich kann eine Begabung in einer
Aufnahmeprüfung entdecken, aber das Feuer kann ich bei niemandem
anzünden. Entweder es lodert schon, oder es ist nicht da.«

Coaching in Zürich

Genau diese mit Worten nicht zu fassende Qualität, das Charisma, sei es, worauf es ankomme, bestätigt zwei Wochen nach unserem Gespräch mit Nicolás Pasquet im nasskalten Mannheim ein anderer, der es wissen muss: Johannes Schlaefli, Professor für Orchesterleitung an der Zürcher Hochschule der Künste (ZHdK), der sich in seiner Funktion als Chef-dirigent des Kurpfälzischen Kammerorchesters in der Quadratestadt aufhält. Als studierter Oboist selbst ein »Seiteneinsteiger« in den Beruf des Dirigenten, zählt Schlaefli heute neben Pasquet und wenigen anderen zu den prägenden Dirigierlehrern im deutschsprachigen Raum. Seine Lehrtätigkeit ist für den Basler echte Berufung, wobei er, wie er sagt, seinen Weg aufs Dirigentenpult und später an die Hochschule einer Kette von Zufällen und glücklichen Fügungen zu verdanken hat und diese un-konventionelle Laufbahn in der heutigen Zeit kaum Chance auf Erfolg verspricht. Seine »im Zickzackkurs geradlinig« auf ein Ziel zusteuernde Karriere ist sicher auch ein Grund dafür, dass die Schweizer Dirigenten-ausbildung, die Johannes Schlaefli maßgeblich mit aufgebaut hat, in man-chen Punkten andere Prioritäten setzt als etwa Weimar.

Im Unterschied zu vielen deutschen Hochschulen nimmt die Zürcher Hochschule nämlich auch begabte Studierende auf, die kein sehr gutes Niveau auf dem Klavier vorweisen können – zwar bleibt der typische Einstieg als Korrepetitor an einem Opernhaus solchen Studenten später verwehrt, schon mehreren Absolventen der ZHdK ist es jedoch gelungen, direkt als 1. Kapellmeister engagiert zu werden. Auch in Zürich steht Be-werbern, die nach Sichtung aller vorab eingesandten Videobänder ein-geladen werden, eine umfassende Aufnahmeprüfung bevor, die neben dem Dirigat eines Orchesters u. a. einen Gehörstest und ein Vorspiel im Hauptinstrument sowie auf dem Klavier umfasst. Die insgesamt nur sieben bis acht Plätze in den Bereichen Bachelor, Master und Master Spe-cialized in der Dirigierklasse von Professor Schlaefli sind heiß begehrt; maximal zwei bis drei Plätze sind jedes Jahr zu vergeben. Anders als in Weimar kann in Zürich die Prüfung auch auf Englisch absolviert werden.

Traurig stimme ihn im Moment das Thema »weibliche Studierende« in Zürich: Im März 2016 studierte keine einzige Frau bei Johannes Schlaefli, dabei gab es durchaus Zeiten, in denen das Geschlechterverhältnis aus-gewogen war. Überhaupt sei die Geschlechterfrage eine schwierige. Es gibt viel mehr Anmeldungen von Männern als von Frauen, daher steht Schlaefli immer wieder vor der Frage, ob eine Quote bei der Vergabe der Studienplätze eine Lösung sein könnte. Frauen, so meint er, hätten schließlich in diesem Beruf kaum Vorbilder. Sinnvoll sei eine Quote jedoch nur mit entsprechender qualitativer Absicherung, anderenfalls erweise man dieser wichtigen Sache einen Bärendienst. Ein aus Quotengründen möglicherweise zu geringes Niveau ist kontraproduktiv für den Stand von Frauen am Dirigierpult generell, denn die Orchester seien gegenüber weiblichen Dirigenten nach wie vor kritisch, wenn nicht sogar überkritisch eingestellt. »Es ist wohl noch ein längerer Weg«, meint Johannes Schlaefli, »bis das Thema ›Dirigentinnen‹ keins mehr ist« – und hofft auf geeignete Bewerberinnen in der nächsten Runde.

Zweifellos ist der Weg in den Markt für junge Dirigenten auch nach Ansicht des Zürcher Professors in den letzten 20 Jahren härter geworden. Für attraktive Meisterkurse liegen heute oft schon 250 Anmeldungen vor, und auf eine Assistenzstelle kommen Hunderte Bewerbungen. Andererseits hat sich im Interimsbereich zwischen Ausbildung und Beruf auch eine Menge getan – mehr Kurse, mehr Angebote im Assistenzbereich, und nicht zuletzt das Dirigentenforum hat eine wichtige Scharnierfunktion zwischen Studium und Beruf. Studenten, die sich schon während des Studiums um ihr berufliches Fortkommen kümmern, Amateur- und Studentenorchester leiten, eigene Projekte initiieren oder Assistenzen absolvieren, gelingt später auch der Einstieg ins Berufsleben besser.

»Zwischen Alphatier und Kumpeltyp im besten Sinne gibt es heute ganz unterschiedliche Dirigentenpersönlichkeiten«, meint Johannes

© Michelle Grossglauser

Johannes Schlaefli

Schlaefli und nennt die beiden Schweizer Mario Venzago und Erich
Schmid, Letzterer Schönberg-Schüler und langjähriger Leiter des Ton-
halle-Orchesters Zürich, als seine wichtigsten Mentoren. Er persönlich
sei als Dirigent immer daran interessiert gewesen, wie die Interaktion mit
dem Orchester funktioniert, auch daran, eigene Ideen loslassen zu können für »etwas Größeres«. Spannend war für ihn stets gleichermaßen der
pädagogische Aspekt am Dirigieren. Ein Grund dafür, warum ihn sein
Weg an die Zürcher Hochschule geführt hat. Er habe gemerkt, dass seine
Art, Dirigent zu sein, und die Art, sich mit einem Lernenden darüber
auszutauschen, nahe beieinander liegen.

Unterrichtete Johannes Schlaefli ganz zu Beginn seiner Laufbahn als
Professor noch nach dem – aus seiner heutigen Sicht antiquierten – Verständnis »Lehren heißt zeigen, *tools* übergeben, ein Transfer«, so ist für
ihn mittlerweile klar, dass es um etwas anderes geht: »Dirigierlehrer sein
hat viele Parallelen zum Trainer im Fußball. Auch der muss wissen, wie es
geht, wie es sich anfühlt, aber er muss nicht der Beste sein.« Sicher müsse
er als Professor seinen Studenten in der Erfahrung voraus sein, auch in
der Fähigkeit zur Analyse und Empathie. Aspekte der Vorbereitung, der
genauen Betrachtung und des Verständnisses eines Werkes – auch in Auseinandersetzung mit unterschiedlichen Interpretationen – zählen ebenso
wie die Herausbildung des eigenen künstlerischen Profils zu den Dingen,
die er selbst hochtalentierten jungen Dirigenten vermitteln kann und
muss. Intensives Partiturstudium, bei dem die Hauptaspekte der späteren Einstudierung und mögliche Probleme ins Visier genommen werden,
gehört dabei selbstverständlich zu seinen Schwerpunkten. Zahlreiche
erfolgreiche Absolventen aus der Schlaefli-Schule sind ein eindrücklicher
Beleg für seine Methode. Ihre Erfolge will sich der Professor jedoch nicht
auf die eigene Fahne schreiben: »Wenn einer meiner ehemaligen Studenten einen großen Erfolg hat oder eine wichtige Stelle bei einem Orchester
erhält und mir dann dazu gratuliert wird, sage ich in der Regel: ›Ich habe
eigentlich nicht viel gemacht.‹ So empfinde ich es. Es hat nicht viel mit
mir zu tun. Ich hatte einfach das Glück, dass ich ihn auf einem bestimmten Abschnitt seines Weges begleiten durfte.«

Wie aber manifestiert sie sich, die dirigentische Begabung, und wie
kann man etwas so schwer Fassbares wie das mythenumrankte Charisma
pädagogisch optimieren oder zum Vorschein bringen? »Die Hände des Dirigenten sind so etwas wie die Materialisation seines Geistes, seiner geistigen Haltung«, erklärt Schlaefli. »Wenn sie auf den Klang des Orchesters
treffen, in diesem magischen Moment, ist die Frage: Was passiert? – Genau
hier zeigt sich die Begabung.« Diese kann der Professor kaum beeinflussen,
was er aber sehr wohl tun könne, sei, »den jungen Menschen zu begleiten,
mit ihm zusammen zu analysieren: Was ist passiert? Was war dein Wille,
und was ist das Resultat? Was ist zwischen dir und dem Orchester abge-

laufen, zwischen dir und dem Klang? Zwischen deiner Vorstellung und dem wirklichen Klang? Wie hast du wo reagiert?« In diesen Momenten sieht sich Johannes Schlaefli ganz als Coach, er beobachtet von außen und realisiert, wie ein Student seine Begabung noch effektiver umsetzen kann. »Den Kern meines Berufs als Professor, der mich auch immer wieder fasziniert, würde ich vielleicht so beschreiben: Relativ schnell ein Gefühl dafür zu entwickeln, mit welchem Hinweis (und mit welchem nicht) kann ich der Person auf ihrem Weg einen Schritt weiterhelfen. Das hat auch viel mit Psychologie zu tun«, bringt Schlaefli seine Profession auf den Punkt.

Rückschläge gehören dabei unbedingt zum Entwicklungsprozess. Denn wird sich ein begabter Student seiner Begabung erstmals richtig bewusst, d. h. laufen zuvor unbewusste Prozesse plötzlich bewusst ab, führt dies zunächst immer zu Rückschritten. Ist diese Phase überwunden, geht es meist steil bergauf. »Begabung bedeutet ja, da ist ein Instinkt vorhanden. Wenn ein junger Student eine Ausbildung macht, heißt das, er geht den Weg der Reflexion. Und sobald die Reflexion einsetzt, wird der Instinkt durchbrochen durch Reflexion, die in einer gewissen Phase dem Instinkt immer im Weg steht.« Was abläuft, sei ein Diversifizierungsprozess: »Die jungen Leute lernen, ihren Instinkt in Kleinteile zu zerlegen und zu wissen, welche Teile davon sie wann, wie und wo einsetzen.«

Insgesamt müsse man die Bedeutung der Begabung aber relativieren. Zwar sei »der magische Kernmoment der Klangberührung, so denn vorhanden, meist bereits auf den Bewerbungsvideos der Kandidaten zu sehen«, Dirigent zu sein sei jedoch ein sehr weites Feld, so dass dieser Aspekt möglicherweise von anderen überlagert werde. »Es gibt Studenten, die sind in diesem magischen Klangberührungsmoment eventuell nicht die Begabtesten, aber dafür bringen sie sonst viel mit, das sie zu einem wertvollen Orchesterdirigenten macht.«

Welche Persönlichkeitsmerkmale muss ein junger Dirigent – abgesehen von der Begabung, von der Musikalität – mitbringen, um in diesem Beruf zu bestehen? »Schlussendlich kommt es auf die Mischung an. Aber ich würde sagen, es braucht sicher ein hohes Maß an Sozialkompetenz im weitesten Sinne, einen klaren künstlerischen Standpunkt (wobei man auch hier einschränkend sagen muss, es gibt Dirigenten, die sind erfolgreich dadurch, dass sie keinen klaren künstlerischen Standpunkt haben, sondern extrem gute Teamplayer sind) und ein gutes Maß an Empathie für die Bedürfnisse der Kolleginnen und Kollegen. Der Kernpunkt ist freilich das, wofür es nur den abgegriffenen Begriff ›Charisma‹ gibt. Die Persönlichkeit muss irgendetwas haben, eine Art von Ausstrahlung. Wahrscheinlich kommt ein Dirigent, der kein ausgeprägtes Eigenprofil hat, aber eine starke Ausstrahlung, weiter als einer, der unglaublich genau weiß, was er will.« Worauf aber ist gegründet, dass der eine das Orchester besser erreicht als der andere? Ist es Empathie, Einfühlungsvermögen,

© H. Dietz Fotografie

Johannes Schlaefli mit dem Stipendiaten Justus Thorau bei einem Dirigierkurs
des Dirigentenforums, 2013

Klugheit oder eben dieses schwer zu definierende Etwas? »Man kann
es begrifflich kaum umzingeln, woran es liegt, dass ein Piano einfach
nur leiser klingt und ein anderes atemberaubend«, meint Schlaefli. »Für
mich ist das immer noch ein absolut faszinierendes Phänomen, warum
ein Dirigent so etwas ausstrahlt und ein anderer nicht.« Für seine Rolle
als Dozent bedeutet dies: »Wenn ich merke, jemand hat es, aber es strahlt
nicht aus, stellt sich für mich die Frage: Welchen Knopf drücke ich, was
versuche ich zu aktivieren in ihm?« Aus genau diesem Grund ist der Umgang Johannes Schlaeflis mit seinen Studenten ganz individuell. Der Unterricht in der Gruppe, den er sehr häufig praktiziert, steht hierzu nicht
im Widerspruch. »Am meisten lernen meine Studenten eigentlich von-
einander.« In seinen Kursen herrscht eine offene Atmosphäre, aber auch
ein Bewusstsein darüber, dass jeder in der Gruppe anders ist. »Es gibt
viele Gemeinsamkeiten, alle kämpfen um das Gleiche, aber jeder muss
seinen Weg finden.«

Dennoch: Der Dirigentenberuf ist ein einsamer, das sieht auch Schlaefli so. »Er ist der Einzige im Raum, der allein ist. Sogar der Paukist hat
noch den Schlagzeuger als Kollegen. Für mich ist es also ein wunderbares
Geschenk, dass ich mit meinen Studierenden im Dialog stehen kann,
auch übrigens mit den Lehrerkollegen. Da ist ein Austausch da, der diese
Einsamkeit aufhebt. Jetzt haben die Studenten noch das Gefühl, gemein-

sam im selben Teich zu schwimmen, aber in wenigen Jahren werden sie
allein im weiten Meer rudern müssen.« Wenn sie jedoch später im Beruf
nach dem Prinzip handeln, dass der Austausch eine Win-win-Situation
ist, wenn sie sich als Teil einer Gemeinschaft sehen, die versucht, in der
Gesellschaft die klassische Musik hochzuhalten, dann profitieren alle davon – dieses Gefühl versucht Johannes Schlaefli seinen Studenten mit auf
den Weg zu geben.

Dass freundschaftliche Beziehungen und ein vertrauensvoller Austausch unter Dirigenten sehr wohl möglich sind, dafür geben Johannes
Schlaefli und sein Weimarer Kollege Nicolás Pasquet übrigens das beste
Beispiel ab. 1987 trafen die beiden als Konkurrenten beim Dirigierwettbe-
werb in Besançon aufeinander – Nicolás Pasquet hatte damals das Glück,
den Wettbewerb zu gewinnen – und verstanden sich auf Anhieb. Immer
wieder kreuzten sich ihre Wege, bis beide schließlich Professoren wurden
und heute auch ihre Studenten von ihrem guten Verhältnis profitieren.

Wie für seinen Weimarer Kollegen gibt es auch für Johannes Schlaefli
einen Punkt in der dirigentischen Ausbildung, über den nicht zu dis-
kutieren ist: Praxis. Zu Hermann Scherchens in dessen LEHRBUCH DES
DIRIGIERENS geäußerter Überzeugung, Dirigieren könne man im stillen
Kämmerlein lernen, sagt Schlaefli kategorisch: »Ich glaube das nicht.«
Wenngleich ihn das stumme Arbeiten vieler Kollegen, die er während
seines Sabbaticals besuchte, durchaus überzeugte. »Das aktiviert die
Vorstellung des Dirigenten sehr stark. Aber ich finde, das Entscheidende
passiert in dem Moment, in dem Klang da ist, in dem Menschen da sind
und jemand, der agiert und reagiert. Das Dirigieren, die Musik ist eine
Kunst in der Zeit. Und was da passiert, kann man nur lernen, wenn man
es tut. Für mich ist das A und O also zum einen, dass es genügend Praxis-
möglichkeit gibt. Und das Tun hat bei mir zum anderen auch in Bezug
auf den Kanon der zu unterrichtenden Werke Priorität. Angefangen hatte ich mit dem Anspruch von Jahresplänen, die durchzuarbeiten wären,
habe aber mit der Zeit gesehen, dass die meisten Fortschritte dort erzielt
werden, wo ich mich tief und ganz auf eine Sache, ein Werk eingelassen
habe. Mittlerweile gehe ich in meinem Unterricht viel mehr vom exem-
plarischen Prinzip aus. Ich achte darauf, dass wir immer wieder zwei,
drei Wochen intensiv an einem Thema oder mit einem Werk arbeiten,
mit verschiedensten Beleuchtungen, inklusive Praxis. Es ist mir wichtig,
dass die Studierenden diese vertieften Lernerlebnisse haben, auch wenn
so vielleicht nur ein Teil des Kanons abgedeckt wird.«

Sich frühzeitig mit dem »Organismus Orchester« in all seinen Facet-
ten vertraut zu machen ist ein wesentlicher Bestandteil einer praxisnahen
Ausbildung. Dass Johannes Schlaefli in seinem Unterricht auf eigene Erfahrungen als Instrumentalist im Orchester zurückgreifen und diese an
seine Studenten weitervermitteln kann, ist in dieser Hinsicht sicherlich

ein großes Plus: Das Gefühl des Eingebettetseins in einen großen Klangkörper, das Wissen darum, wer in einem Stück wo welche Verantwortung trägt – damit tun sich die Pianisten unter den Dirigierstudenten im
Regelfall schwerer als solche, die ein Orchesterinstrument beherrschen.
Wenn sich die Gelegenheit bietet, legt Schlaefli daher besonderen Wert
darauf, dass sich seine Studierenden immer wieder zu den einzelnen Or-
chestergruppen setzen und versuchen, sich deren Situation zu vergegen-
wärtigen: Wie fühlt sich eine bestimmte Stelle z. B. am 7. Pult der 2. Geige an, und was braucht dieser Geiger vom Dirigenten? Vom und über das
komplexe Orchestergefüge kann ein junger Dirigent eine Menge lernen:
wie viel Anteil bei einem Konzert Führung ist, wie viel Anpassung, wie
viel Unterordnung, wie viel Eigenverantwortung getragen und wie viel
Verantwortung abgegeben werden sollte. Genau diese Aspekte seien es,
die ein junger Dirigent, wenn er das Orchester gut führen wolle, verstehen müsse, so Schlaefli, sozusagen im Adlerblick vom Pult aus.

　　»Bernard Haitink sagte einmal: ›You know, it's a horse, the orchestra
is a horse, and every horse is different. And you have to work together
with the horse.‹« Eine Metapher, die Schlaefli gegenüber seinen Studierenden häufig gebraucht, wenn wieder einmal eine Probe mit einem der
verschiedenen Orchester – ob in der Schweiz, in Deutschland oder in
Tschechien – ansteht. Nach der ersten Probe laute eine seiner Standard-
aufgaben: »Beschreibe das Pferd.« »Als Dirigent musst du ein Gefühl
entwickeln – du wirst eingeladen, kommst zu einem Orchester, die geben
dir 15 Minuten, dann musst du gezeigt haben, was du kannst. Du musst
sofort wahrnehmen, was geht hier ab, wie läuft das hier. Wie ist der Charakter des Orchesters, wie ist die Stimmung, worauf reagieren die Musiker gut, was mögen sie nicht, womit kommt man am ehesten zum Ziel,
wo hat es Sinn zu kämpfen.« Fragen wie diese setzen selbstreinigende
Kräfte beim Dirigenten frei, meint Schlaefli. Denn: »Die *idee fixe* ist das
eine, und das Pferd ist das andere.« Eine gute Vorbereitung sei dies für
alle Bewerbungsverfahren und Wettbewerbe, denn die Situation werde
nicht einfacher: »Fast jeder Orchestermusiker sagt, wir wissen bereits,
wenn jemand zum Podium schlurft, was das für ein Typ ist. Spätestens
nach zwei Minuten sind die Meinungen gemacht.« Erhellend für seine
Studenten sind daher die Feedback-Runden mit dem Orchester. Denn
von den Klangkörpern werden durchaus junge Dirigenten gewünscht,
die zu ihrer Meinung stehen und ihrer Führungsrolle gerecht werden –
auch wenn das Verhalten mancher Orchestermitglieder dies nicht vermuten lässt. »Der Dirigent muss diese Rolle tatsächlich ausfüllen, auch
wenn wir in einer Zeit leben, in der es außerhalb des Orchesters solche
hierarchischen Strukturen kaum noch gibt. Zugleich muss man als Dirigent ein gutes Gespür für das Orchester haben. Man muss ein volksnaher
Monarch sein.«

»Echte Talente setzen sich immer durch«

Manager und Macher hinter den Kulissen

SUSANNE VAN VOLXEM

In Deutschland gibt es derzeit 131 Kulturorchester[1], die im Schnitt höchstens zwei festangestellte Dirigenten sowie Gastdirigenten beschäftigen. Laut Professor Gerd Uecker, der selbst eine Dirigentenausbildung absolvierte und später u. a. Intendant der Semperoper in Dresden war, kann von maximal 400 Stellen für Dirigenten ausgegangen werden, wenn man die Kirchenmusik nicht hinzuzählt. Der Ausstoß der Musikhochschulen und einmal mehr der Zufluss an ausländischen Bewerbern sei aber 10- bis 20-mal höher als der Bedarf, so Gerd Uecker.

Welche Wege muss der Absolvent eines Dirigierstudiums also gehen, welche Kontakte pflegen? Welche künstlerischen und persönlichen Voraussetzungen muss er mitbringen, um einen der begehrten Posten als Generalmusikdirektor, Chefdirigent oder Kapellmeister an einem deutschen Opernhaus bzw. bei einem Orchester zu ergattern? Mit anderen Worten: Wie gelingt es ihm, seine Karriere klug zu planen und nicht schon nach kurzer Zeit am Dirigentenhimmel wieder zu verglühen?

Mit solchen und ähnlichen Fragen konfrontiert wurden für dieses Buch einige der einflussreichsten Persönlichkeiten aus dem deutschen Musikbetrieb, die »Macher« hinter den Kulissen.

Vertrauensperson: der Agent

Am Anfang einer Dirigentenlaufbahn steht meist ein Agent. Agenten vermitteln Künstler an Auftraggeber wie Opern- und Konzerthäuser, sie stellen Kontakte her und handeln Verträge aus. Dafür erhalten sie eine Provision, die zwischen 10 und 20 Prozent der Gage beträgt. In der Regel zahlt der Künstler den Agenten, es gibt aber auch Fälle, in denen sich Künstler und Auftraggeber das Agentenhonorar teilen. Der Verband der Deutschen Konzertdirektionen (VDKD) listet circa 50 Agenturen auf, davon sind etwa zehn im deutschsprachigen Raum relevant für Dirigenten. Die großen internationalen Agenturen, von denen es ebenfalls ungefähr zehn namhafte gibt, haben ihren Sitz überwiegend in London und New York.

Eine der führenden Konzertdirektionen und Künstleragenturen
in Europa befindet sich in Hannover und wurde 1959 von Hans
Ulrich Schmid gegründet, einem
ausgebildeten Pianisten, der sich
jedoch gegen eine Musikerkarriere
entschied. Mitte der 1980er-Jahre
stieg seine Tochter Cornelia ins Geschäft ein, die das Unternehmen mit
den Standorten Hannover, Berlin
und London heute leitet. Persönlich
kümmert sie sich inzwischen hauptsächlich um den wichtigen Schwerpunkt der Planung von internationalen Tourneen für Orchester,
während ihr 35-köpfiges Team in
der Vermittlung von Künstlern tätig ist, seit 20 Jahren auch im Bereich
Public Relations.

Cornelia Schmid

»Der Agenturteil unseres Unter-
nehmens ist für unsere Größe ver-
gleichsweise klein«, erklärt Cornelia Schmid. Die studierte Literaturwis-
senschaftlerin, der die Liebe zur Musik buchstäblich in die Wiege gelegt
wurde, betont die Absicht dahinter: »Nur so können wir eine optimale
persönliche Betreuung garantieren. Mehr als zehn Künstler pro Vermittler ist meines Erachtens schon zu viel.« Die Liste von KD Schmid umfasst Dirigenten und Instrumentalisten sowie einige Sänger, die aus ganz
Europa und den USA kommen. »Auch die ›bunte Mischung‹ ist Absicht«,
so die Agenturchefin, »wir möchten ein international aufgestelltes Unternehmen sein. Deshalb haben wir 1998 das Büro in London gegründet,
mit dem wir unsere Präsenz im englischsprachigen und skandinavischen
Raum sichern wollen.«
Ein Blick in die Künstlerliste zeigt, welchen Ruf sich die Agentur inzwischen in der globalen Musikszene erworben hat, angefangen bei den
Dirigenten: Von A wie Albrecht (Marc) über M wie Marriner (Sir Neville)
bis zu Y wie Yamada (Kazuki) sind hier nicht wenige Maestri vertreten,
die an Rang und Namen kaum zu überbieten sind. Allen voran einer der
aktuellen Pultstars schlechthin: der Lette Andris Nelsons, derzeitiger Bos-
ton-Chef und ab 2017 auch Kapellmeister am Leipziger Gewandhaus.
Cornelia Schmid erzählt, dass sie fast täglich Bewerbungen von jungen
Dirigenten bekommt, die von ihrer Agentur vertreten werden möchten.
»In der Regel werden wir jedoch selbst aktiv bzw. reagieren auf Empfeh-

lungen. Cornelius Meister etwa kam über die Oper Hannover zu uns, wo
er Kapellmeister war. Andris Nelsons wurde uns von seiner Landsmännin
Lauma Skride empfohlen, einer Pianistin, die wir vertreten. Und seine
Frau, die Sopranistin Kristīne Opolais, kam dann natürlich über ihn.«

Hat ein junger Dirigent ihre Aufmerksamkeit erregt, weil er ihr empfohlen wurde, sie ihn bei einem Auftritt oder auch bei einem der zahlreichen Dirigentenwettbewerbe in Kopenhagen, Bamberg, Besançon oder
Frankfurt erlebt hat, wird er von ihr per Mail kontaktiert und bei Interesse
seinerseits zu einem Treffen eingeladen. »In einem solchen Kennenlern-
gespräch versuche ich mir in erster Linie einen Eindruck von dem Menschen hinter dem Künstler zu verschaffen. Neben dem fachlichen Können
ist nämlich die Persönlichkeit eines Dirigenten extrem wichtig. Manche
nennen es auch ›Charisma‹. Ich verstehe darunter, dass jemand über Füh-
rungsqualitäten verfügt, aber trotzdem partnerschaftlich agieren kann. Er
muss eine stabile Psyche haben, mit der Einsamkeit des Jetset-Lebens klar-
kommen und bereit sein, in seiner Freizeit Repertoire zu lernen, also sein
Privatleben hintanzustellen. Und er muss internationales Potenzial haben,
sonst ist eine weltweite Karriere nicht möglich.«

Die Agenturchefin legt Wert darauf, dass die Bindung zwischen ihr
und den von ihr vertretenen Dirigenten eine langfristige ist. »Das ist entscheidend, um eine Karriere entsprechend den Vorstellungen des Künst-
lers aufbauen zu können. Marc Albrecht zum Beispiel ist bereits seit über
20 Jahren bei uns. Eine solche Beziehung ist dann irgendwann sehr persönlich. Im Idealfall ist man Vertrauensperson, Ratgeber und Coach,
wenn auch weniger in musikalischer Hinsicht. Die meisten Dirigenten
haben ein gutes Gespür für ihr eigenes Können, dafür brauchen sie uns
nicht. Nur wenn jemand fragt: ›Wie war ich denn heute Abend?‹, reagieren wir natürlich, aber das kommt eher selten vor, hier wenden sich die
Musiker meistens an Kollegen.«

Gefragt, welchen Rat sie jungen Dirigenten mit auf den Weg geben
würde, muss die Agentin nicht lange überlegen. »Ob er oder sie sich nun
primär für Oper interessiert oder nicht: Der Weg übers Musiktheater
ist auf jeden Fall ein guter. Auf diese Weise kann man den Betrieb am
besten von innen heraus kennenlernen.« Auch sehr sinnvoll sei es, sich
einen Mentor zu suchen. »Andris Nelsons zum Beispiel hatte Mariss
Jansons als Mentor. Solche erfahrenen Lehrer sind wichtig, weil sie jüngeren Kollegen Türen öffnen und ihnen helfen, sich ein Netzwerk zu
schaffen.« Ganz entscheidend ist für Cornelia Schmid darüber hinaus,
dass ein junger Dirigent lernt, wie man probt, und das geht am besten
über die intensive Zusammenarbeit mit einem Orchester. »Die profunde
Kenntnis eines Stückes, das Konzept im Hintergrund ist eine Sache,
aber eine ganz andere ist es, die eigenen Ideen einer meist sehr hetero-
genen Gruppe nahezubringen und unter Umständen auch Widerstände

zu überwinden. Hier ist dann wieder die Persönlichkeit, das sogenannte Charisma gefragt.«

Lothar Schacke

Cornelia Schmids Münchner Kollege Lothar Schacke, Mitbegründer des renommierten KünstlerSekretariats am Gasteig, das er gemeinsam mit Elisabeth Ehlers seit 1984 leitet, spricht vom »Gesamtpaket«, das bei einem Dirigenten stimmen müsse, um ihn erfolgreich vermitteln zu können. Für den gelernten Architekten, der ursprünglich Kirchenmusiker werden wollte und über das Klavier- und Orgelspiel zum Musikmanagement kam, sind insbesondere beim Aufbau einer Karriere auch außermusikalische Faktoren von Bedeutung. »Man kann nicht davon ausgehen, dass in einem Konzert nur Musikkenner sitzen. Der Rest will genießen und konzentriert sich eben nicht allein auf das Gehörte. Akustik und Optik liegen nah beieinander. Wenn ein Dirigent auf dem Weg zum Pult beispielsweise hektisch wirkt oder weiße Socken trägt, bleibt das bei vielen negativ in Erinnerung, egal, wie gut das musikalische Ergebnis war. Höchste musikalische Begabung und das Vermögen, sich auf der Bühne optimal zu präsentieren, sind das Fundament einer Musikerkarriere. Nur so kann eine gewisse Ausstrahlung entstehen, die einfach vorhanden sein muss. Das Entscheidende ist aber, dass man als Künstler überzeugt.«

Zu den Dirigenten, die Lothar Schacke schon seit vielen Jahren vertritt, zählt allen voran der bald 90-jährige Schwede Herbert Blomstedt. Ein Konzert mit dem langjährigen Gewandhauschef und international ebenso erfolgreichen wie bei Musikern und Publikum beliebten Dirigenten war für den jungen Lothar Schacke einst ein Schlüsselerlebnis. »Herbert Blomstedt mit der Staatskapelle Dresden in der Stadthalle Wuppertal auf dem Podium zu erleben, zusammen mit meiner künftigen Partnerin Elisabeth Ehlers, die damals bereits bei einer großen Agentur arbeitete – das war für mich ein ganz besonderes Erlebnis. An diesem Abend und nach einem anschließenden Gespräch mit Elisabeth Ehlers beschloss ich, Agent zu werden.« So begann der gebürtige Gummersbacher bei einer der größten privaten Konzertdirektionen, der KD Rudolph Wylach in Wuppertal, erste Erfahrungen in dem Metier zu sammeln. Bereits in die Selbstständigkeit übergewechselt, arbeitete er noch sechs weitere Jahre in der Großstadt im Bergischen Land, zunächst als Reisebegleiter, später als Privatsekretär des Dirigenten Eugen Jochum. Während dieser Zeit lernte er zahlreiche Orchesterintendanten kennen und konnte sich ein Netzwerk aufbauen, das

ihm noch heute bei der Vermittlung seiner Künstler von Nutzen ist. Neben
Herbert Blomstedt findet man in Schackes Dirigentenpool u. a. Lothar Zagrosek, Jukka-Pekka Saraste, Marc Piollet und Manfred Honeck, darüber
hinaus hat er neben führenden Geigern wie Frank Peter Zimmermann und
Viktoria Mullova auch den weltberühmten Pianisten Lang Lang im Portfolio, für den er in Deutschland tätig ist. »Für sie alle bin ich in erster Linie
Vertrauensperson, Seelentröster und Anwalt, wobei ich durchaus gelegent-
lich zwischen zwei Stühlen sitze und eine Vermittlerposition einnehmen
muss. Als Agent sollte man daher darauf achten, dass trotz der Freund-
schaften zu den Künstlern eine neutrale Sichtweise nie verloren geht.«

Zwischen Lothar Schacke und den von ihm vertretenen Musikern
gibt es keine Binnenverträge, die Zusammenarbeit basiert komplett auf
gegenseitigem Vertrauen. Aber die Chemie muss stimmen. »Ich verlasse
mich bei der Auswahl der Kandidaten auf mein Bauchgefühl. Ich schaue
mir die Leute in den verschiedensten Situationen an, gehe auf Proben,
befrage Orchestermanager nach ihren Erfahrungen oder achte auf die
Reaktionen des Publikums während eines Konzerts. Blindbewerbungen
muss ich in der Regel ignorieren; es bleibt kaum Zeit, diese zu verfolgen,
dafür ist die Agentur zu klein.«

Und zu fein – bisher hat Lothar Schacke noch nie einen Künstler fragen
müssen, ob er sich von ihm vertreten lassen will, immer sind die Musiker
von sich aus zu ihm gekommen. Wohl weil sie wissen, dass sie einen (guten) Agenten brauchen, wenn sie sich am Markt etablieren wollen. Dieser
werde »überflutet von einer Vielzahl an Künstlern«, sagt Lothar Schacke.
»Unter den unzähligen Kieselsteinen die Diamanten herauszufiltern verlangt großen Sachverstand und eine Menge Erfahrung.«

Aber wie kann man sich als junger Dirigent von der Masse abheben,
wie kann man zeigen und beweisen, dass man wirklich das Zeug dazu hat,
diesen hochanspruchsvollen Beruf auszuüben? »Indem man ernsthaft und
seriös ist, nicht überheblich auftritt, nie schlecht oder unvorbereitet zur
Probe kommt und selbst auf der kleinsten Provinzbühne sein Bestes gibt.
Denn es kann immer sein, dass ausgerechnet dort ein Entscheidungsträger
sitzt, der ausschlaggebend ist für die ganze nachfolgende Karriere.« Lothar
Schackes Worte klingen fast wie eine Beschwörung, als er nach einer kurzen Pause hinzufügt: »Echte Talente setzen sich immer durch. Aber sie sind
selten, sehr selten. Fast so wie die berühmte Stecknadel im Heuhaufen.«

Ohrenöffner: der Intendant

Einer, der Agenten für überschätzt hält und sich lieber selbst seine
Künstler sucht, ist der Frankfurter Opernintendant Bernd Loebe. Auch
Loebe ist Quereinsteiger und hat nach seinem Jura- und (privaten) Kla-

vierstudium zunächst als Journalist gearbeitet, u. a. in der Musikredaktion der *FAZ* und in der Opernredaktion des Hessischen Rundfunks. Über das Brüsseler Théâtre de la Monnaie, wo er als Künstlerischer Direktor wirkte, kam er im Jahr 2000 zurück in seine Heimatstadt Frankfurt. Nach zwei Jahren als Berater an der dortigen Oper wurde er 2002 zum Intendanten berufen. Sein mehrfach verlängerter Vertrag hat eine Dauer bis 2023, weit über Loebes gesetzliches Renteneintrittsalter hinaus – die Frankfurter wissen, was sie an ihrem Intendanten haben, der ihnen bereits in seiner zweiten Spielzeit nicht nur den Titel »Opernhaus des

Bernd Loebe

© Maik Scharfscheer

Jahres« bescherte, sondern auch weitere renommierte Preise einbrachte und eine exzellente Reputation bei Publikum und Presse hat. Loebe gilt als Stimmen-Entdecker, der das Potenzial etwa eines Daniel Behle oder einer Christiane Karg als einer der Ersten erkannte und die heute international gefeierten Sänger früh in sein Ensemble holte oder sie, wie beispielsweise Christian Gerhaher, als Gast engagierte. Bei der Auswahl der Künstler, die für ihn arbeiten dürfen, verlässt sich der Frankfurter vor allem auf sein eigenes Urteil. Um sich ein solches bilden zu können, reist er viel und ist in zahlreichen Gremien wie der Jury des internationalen Gesangswettbewerbs NEUE STIMMEN vertreten.

Die Dirigenten, die ihm gefallen, sind keine Showtalente, im Gegenteil. »Ich mag scheue, um nicht zu sagen: schräge Typen«, erklärt Bernd Loebe mit leichtem Grinsen. »Vom ›Mythos Maestro‹ halte ich gar nichts. Das resultiert aus einer falschen Verklärung seitens des Publikums. Abgesehen davon, dass Orchester heute ganz anders ticken als früher.« Zu den »Typen«, die Loebe besonders schätzt, zählen der künftige Chef der Berliner Philharmoniker Kirill Petrenko, der bekannt ist für seine extreme Zurückhaltung den Medien gegenüber, oder der für seine Sensibilität und Emotion gerühmte Grieche Constantinos Carydis. Dem selbstzweiflerischen, von manchen als fast autistisch bezeichneten Carlos Kleiber hätte der Intendant sofort »einen Antrag gemacht«, während er die erklärten Machtmenschen unter den Dirigenten für eine »aussterbende Spezies« hält. Nach einigen Jahren der Zusammenarbeit mit dem Italiener Paolo Carignani hat Loebe zum Beginn der Spielzeit 2008/09 den sehr um-

gänglichen Sebastian Weigle als GMD an sein Haus geholt, der »weit
entfernt ist von jedem esoterischen Gehabe, eine hervorragende Probenarbeit leistet und eine eher intellektuelle Handschrift hat«. Die Partnerschaft zwischen den beiden ist eine, die auf gegenseitigem Respekt und
wohl auch einem gewissen Toleranzvermögen beruht. »Sebastian Weigle
setzt andere Schwerpunkte als ich, daher lässt er mich meistens machen,
wenn es um die Auswahl der Sänger und auch das Engagement von Gastdirigenten geht.«

Etwa 15 Gastdirigenten kommen jährlich nach Frankfurt, darunter
sehr erfahrene Pultchefs wie Lothar Zagrosek und Martyn Brabbins, aber
ebenso Vertreter der mittleren und jüngeren Dirigentengeneration wie der
ehemalige Frankfurter 1. Kapellmeister Erik Nielsen oder Markus Poschner und Titus Engel. Loebes Prinzip lautet: »Jeder Gastdirigent muss
mindestens eine zweite Chance erhalten«, also auch, wenn das Orchester
nicht mit ihm kann oder die Aufführung aus anderen Gründen misslun-
gen ist, noch einmal nach Frankfurt kommen dürfen. »Vielleicht lag ihm
das Stück nicht, oder er hatte einfach einen schlechten Tag«, so die Begründung des Intendanten, für den Theater immer auch Lebenshilfe ist.

Möglicherweise hängt Loebes Langmut mit Dirigenten damit zusammen, dass er sie letztlich für »arme Teufel« hält. »Der Druck, der
auf ihnen lastet, ist enorm«, so seine Begründung für dieses nur auf den
ersten Blick harte Wort. »Wer mit 45 bis 55 noch keine Chefstelle hat,
ist im Grunde gescheitert.« Der enormen Erwartungshaltung von verschiedenen Seiten und der berufsbedingten Einsamkeit steht häufig eine
feinfühlige, ja zerbrechliche Persönlichkeit gegenüber – in den Augen
Loebes eine wichtige Voraussetzung für einen Maestro. »Das selbstzweif-
lerische Moment ist enorm wichtig«, so der Intendant, der die Flüsterer
den Dompteuren vorzieht.

Werden die von Loebe so geschätzten Eigenschaften nicht insbesondere Frauen zugesprochen? An seinem Haus sind durchaus Dirigentinnen
zu erleben – wie Julia Jones, Joana Mallwitz oder die gebürtige Koreane-
rin Eun Sun Kim, die in der Spielzeit 2014/15 erstmals zu Gast am Main
war und mit der weitere Dirigate fest vereinbart sind. Von ihr, die derzeit
in ganz Europa gefragt ist, schwärmt der Intendant in den höchsten Tönen. Problematisch hingegen findet er Frauen am Pult, »die meinen, ihre
männlichen Kollegen imitieren zu müssen und sich einen extra strengen
Habitus geben. Verständlich, denn Orchester sind immer noch Macho-
gesellschaften. Aber oft kommt dabei nur Militärmusik heraus.«

Loebes Hannoveraner Pendant ist der promovierte Musikwissen-
schaftler Michael Klügl, der außerdem Klavier, Violoncello und Kom-
positionslehre am Hoch'schen Konservatorium in Frankfurt studiert hat.
Auch er war als Kritiker für die *FAZ* tätig, bevor er 1985 ans Theater
wechselte. Die erste Station des gebürtigen Offenbachers war folgerich-

tig die Oper Frankfurt, und einer, der ihn maßgeblich prägte und in dem er noch heute das Idealbild des Dirigenten sieht, ist der langjährige dortige GMD und Kodirektor Michael Gielen. Einen »Ohrenöffner« nennt Klügl seinen ehemaligen Chef. »Dagegen sind die Jungen von heute konservativ und langweilig. Die trauen sich keine neuen Sachen mehr, tragen Scheuklappen, wollen immer die gleichen ausgetretenen Pfade gehen.« Bei der Neuen Musik liege das beispielsweise zum einen an der Ausbildung, mutmaßt der Intendant, das könne und wolle eben nicht jeder, vor allem nicht die Hochschulprofessoren. »Zum anderen besteht die Gefahr, in eine Schublade gesteckt zu werden, aus

© Thomas M. Jauk

Michael Klügl

der man nicht mehr herauskommt. Außerdem muss man erst mal die Chance bekommen, zeitgenössische Stücke aufzuführen – welches kleinere bis mittlere Stadttheater wagt sich denn noch an ein Repertoire jenseits von Richard Strauss?« Klügl will seine Abonnenten vom alten Schlag selbstverständlich genauso wenig mit (vermeintlich) Schwerverdaulichem verprellen, andererseits möchte aber auch er wie seinerzeit Michael Gielen »Ohren öffnen«. Aus diesem Grund hat er in Hannover die Junge Oper etabliert, deren Programm sich vorrangig an Kinder und Jugendliche richtet. Zugleich ist damit ein Experimentierfeld für Musiktheater-Schaffende gegeben, die etwas Neues wagen wollen, ob nun Darsteller, Regisseure, Komponisten oder Dirigenten. »Ungefähr die Hälfte der hier beteiligten Künstler sind übrigens Frauen«, erzählt der Intendant begeistert. »Und die sind richtig gut.«

Dass Michael Klügl gern mit Frauen zusammenarbeitet und zwar nicht zuletzt am Pult, zeigt die Tatsache, dass an seinem Haus eine Generalmusikdirektorin wirkt. Die US-Amerikanerin Karen Kamensek ist seit 2011 in Hannover, wird ihren Vertrag jedoch nicht über die Spielzeit 2015/16 verlängern, um sich auf ihre internationale Karriere konzentrieren zu können. Klügl sieht ihren Weggang mit Bedauern, so wie er auch seine ehemalige 2. Kapellmeisterin Anja Bihlmaier, eine Stipendiatin des Dirigentenforums, nur ungern gen Kassel ziehen ließ. »Die Kollegen dort haben sie zur 1. Kapellmeisterin und Stellvertretenden Generalmusikdirektorin berufen – das konnte ich ihr nicht bieten. Immerhin haben wir noch drei vielversprechende Korrepetitorinnen bei uns«, fügt er lächelnd hinzu, »wer weiß, was sich da noch alles entwickelt.«

Wie die meisten meiner Gesprächspartner meint auch Michael Klügl, dass ein Demokratisierungsprozess in der deutschen Orchesterlandschaft stattgefunden habe und Orchester keine »Diktatoren« à la Toscanini mehr an ihrer Spitze wünschten. »Sicher hat ein Dirigent einen der schwierigsten Berufe überhaupt, angefangen bei der Ausbildung über die Repertoirekenntnis, die er erwerben muss, bis hin zu der Tatsache, dass er ständig mit dem Rücken zum Publikum steht. Vor allem muss er es schaffen, ein partnerschaftliches Verhältnis zu seinem Orchester aufzubauen. Das ist eine sehr fragile Angelegenheit, denn sobald er eine Produktion ›in den Sand gesetzt‹ hat, ist er weg vom Fenster. Diese Ungeduld hat für mich auch mit mangelndem Respekt zu tun. Aber in erster Linie ist es dem Wandel der Zeiten geschuldet: Früher hatten GMD Verträge über zehn Jahre, heute sind es oft nur noch drei bis vier.«

In Hannover werden Chefdirigenten in der Regel für fünf Jahre verpflichtet. Nicht notwendigerweise fällt die Wahl dabei auf den in musikalischer Hinsicht besten Kandidaten. »Ein GMD muss viel mehr können als ›nur‹ gut zu dirigieren. Er muss sich um administrative und organisatorische Dinge kümmern, an einem Tag 30 Trompeter-Vorspiele über sich ergehen lassen, um sich am Ende für den Einen zu entscheiden, hat seinen Musikern gegenüber eine nicht unbeträchtliche pädagogische Last zu tragen et cetera. Für all diese Aufgaben ist Reife erforderlich. Und Erfahrung.« Klügl hat die Entscheidung für die Nachfolge von Karen Kamensek nicht allein gefällt. »Es gibt mehrere Runden: zuerst ein Vorspiel vor dem Direktorium im Orchesterprobensaal. Die zweite Runde besteht aus dem Dirigat einer Repertoirevorstellung. Und dann wird in dritter Instanz nach einem Kandidatengespräch im Haus abgestimmt. Der Letztentscheid liegt mit 60 Prozent Vetorecht bei mir. Aber natürlich werde ich den Teufel tun, mich bei der Wahl eines neuen GMD gegen den Willen des Orchesters zu stemmen. Davon hätte niemand etwas, am wenigsten ich selbst.«

Steuermann: der Orchestermanager

Alle größeren Orchester haben einen Manager oder Intendanten. So auch das 1947 gegründete WDR Sinfonieorchester, dessen Manager Siegwald Bütow ist. Der ausgebildete Geiger hat neben Musik-, Literatur- und Theaterwissenschaften auch Kulturmanagement studiert. Zu seinen wichtigsten Stationen, bevor er 2007 nach Köln kam, zählen die Münchner Philharmoniker, das Gewandhaus in Leipzig und das Symphonieorchester des Bayerischen Rundfunks. Bütow ist einerseits künstlerischer Leiter

und Produzent des Orchesters und
andererseits disziplinarischer Vor-
gesetzter der 114 Mitglieder dessel-
ben. Sein Job ist es, alle Prozesse
und Entwicklungen im Orchester
im Sinne des Unternehmensauftrags
des WDR zu steuern – eine Aufgabe, die bei einem Klangkörper
von Weltrang neben künstlerischer
Kompetenz auch viel diplomatisches
Geschick erfordert, um die Vorstellungen des Chefdirigenten, die
Wünsche der Musiker und die Rahmenbedingungen des WDR immer
wieder aufs Neue auszubalancieren
und auf ein gemeinsames Ziel hin
auszurichten.

Siegwald Bütow

Bei der Wahl eines Chefdirigenten achten Bütow und die zuständi-
ge Hauptabteilung Orchester und Chor auf eine Vielzahl von Dingen. Die
größte Bedeutung hat die positive künstlerische Zusammenarbeit mit dem
Orchester. Ein Chefdirigent muss in der Lage sein, die Musiker zu Höchstleistungen zu motivieren und das Orchester in seiner künstlerischen Entwicklung voranzubringen. Eine wichtige Rolle spielt das Renommee, das
sich die ins Auge gefassten Kandidaten im Laufe ihrer Karriere erworben
haben, denn dies schlägt sich unmittelbar in der internationalen Aufmerksamkeit und folglich in der Anzahl der Gastspiele nieder, zu denen
das Orchester eingeladen wird. »Unabhängig von der eigenen Qualität
des Klangkörpers kann ein Chefdirigent stark zu dessen Profilierung
beitragen, denn er personalisiert gewissermaßen, wofür wir stehen«, erklärt Bütow. Idealerweise unterscheidet sich der Neue außerdem deutlich
von seinem Vorgänger, »denn wir wollen unseren Hörern ja Abwechslung
bieten«. Er muss außerdem 10 bis 14 Wochen im Jahr Präsenz zeigen und
sollte möglichst keine andere Chefposition bei einem großen Orchester
innehaben, damit die Exklusivität gewährleistet bleibt. Seit 2010 ist der
Finne Jukka-Pekka Saraste Chefdirigent beim WDR, schon zweimal ist
sein Vertrag verlängert worden, aktuell bis zur Spielzeit 2018/19.

Für die Auswahl der Gastdirigenten ist Bütow allein zuständig.
Aber natürlich bezieht er das Orchester in den Entscheidungsprozess
mit ein, informiert sich über Wünsche, holt sich Empfehlungen und
lässt sich Feedback geben. Und wo findet er seine Gäste? »Bei Besuchen
von Konzerten anderer Orchester, bei Wettbewerben, über Agenturen
oder durch Manager- und Intendantenkollegen, die mir Hinweise ge-

ben. Ich versuche, für uns ein Portfolio aus verschiedenen Dirigenten zusammenzustellen, bei dem wir von den unterschiedlichen Stärken und Besonderheiten der Einzelnen profitieren können. Und zugleich bemühe ich mich, mit den für uns interessanten Kandidaten eine kontinuierliche Zusammenarbeit aufzubauen. Und aus diesem Kreis küren wir in der Regel – wenn es an der Zeit ist – auch den nächsten Chefdirigenten.«

Auf den kurzfristigen Hype um bestimmte, vor allem jüngere Pultstars reagiert Bütow mittlerweile gelassen. »Natürlich gibt es diese Ausnahmetalente, die eine raketenartig rasante Karriere machen und die man verpasst, wenn man nicht früh genug eine Zusammenarbeit begonnen hat. Denn hier stehen die Orchester untereinander in einer großen Konkurrenz. Aber manchmal zahlt es sich auch aus abzuwarten, ob eine Karriere wirklich trägt. Denn am Ende setzt sich zum Glück zumeist Qualität durch. Und so mancher Senkrechtstarter ist daran gescheitert, dass er aufgrund mangelnder Erfahrung und Repertoirekenntnis nicht konstant auf höchstem Niveau mit den renommierten Orchestern gearbeitet hat und dadurch die in ihn gesetzten Erwartungen nicht erfüllen konnte.«

Klangbewahrer: der Musikproduzent

© Ludwig Rauch

Michael Schetelich

Michael Schetelich ist Executive Producer Artists and Repertoire bei Sony Classical International. Auf Deutsch bedeutet dies, dass er für die Planung, Konzeption und Durchführung von CD-Aufnahmen zuständig ist. Vergleichbar ist seine Position mit der eines Filmproduzenten. Schetelich ist also nicht zuletzt verantwortlich für kaufmännische Aufgaben wie Marktanalyse und Verkaufsplanung, aber in seinen Zuständigkeitsbereich fällt auch die persönliche Betreuung einiger hochrangiger Sony-Exklusivkünstler. So beispielsweise des Baritons Christian Gerhaher, des Organisten Cameron Carpenter oder – bis zu seinem Tod im März 2016 – des Dirigenten Nikolaus Harnoncourt.

Schetelich hat die letzte CD-Aufnahme des »Originalklang-Pioniers«
produziert, Beethovens Sinfonien 4 und 5, gemeinsam mit dem von
Harnoncourt gegründeten Instrumental-Ensemble Concentus Musicus
Wien. Dass wie in diesem Fall ein Dirigent ein und dasselbe Werk im
Abstand von mehreren Jahren zweimal einspielt, ist äußerst ungewöhn-
lich. »Legenden wie Harnoncourt sind eben selten geworden«, erklärt
Schetelich und kommt auf das Dilemma zu sprechen, in das Dirigenten
heute immer häufiger geraten: Sie müssen Aufnahmen machen, um ihren
Ruf zu zementieren, finden aber nicht einmal mehr für ihre erste Einspie-
lung eines Meilensteins der Musikgeschichte ein Label – einfach weil das
Kernrepertoire bereits x-fach in einer mehr oder weniger herausragenden
Interpretation in den Katalogen der Plattenfirmen vorliegt. »Da muss
man schon einen ganz neuen und besonderen Ansatz vorweisen, um
eine weitere Aufnahme rechtfertigen zu können – so wie es etwa Teodor
Currentzis mit seinem Da-Ponte-Zyklus gelungen ist. Viele Dirigenten
veröffentlichen daher auch bei orchestereigenen Labels, die sich über
Freundeskreise oder andere Unterstützer finanzieren.«
        Haben sich Dirigent und Plattenlabel erst einmal gefunden, gilt es
die Aufnahme vorzubereiten. Reine Studioaufnahmen mit Orchester
sind inzwischen die Ausnahme, eher kommt es zu sogenannten Hy-
briden, bei denen Livemitschnitte von Proben und Aufführungen zu-
sammengefügt und im Nachhinein im Studio bearbeitet und ergänzt
werden. Die Wahl des Aufnahmeorts ist einerseits für die Akustik von
Bedeutung, andererseits für die musikalische Qualität: »Ein ›trockenes‹
Studio strahlt eine ganz andere Atmosphäre aus als ein Konzertsaal,
wo das anwesende Publikum den Raum nicht nur akustisch verändert,
sondern außerdem durch den Faktor des gemeinsamen Erlebens auf
die Musiker wirkt und ihrem Spiel zusätzliche Emotionalität verleihen
kann.« Um seine Klangvorstellungen übertragen zu können, müsse der
Dirigent sich der speziellen Anforderungen der Aufnahmesituation
bewusst sein, so Michael Schetelich. »Und er muss perfekt vorbereitet
sein.« Im Idealfall verstünden der Dirigent und der Aufnahmeleiter,
der gleichermaßen technisch wie musikalisch ein hohes Niveau auf-
weisen sollte, einander auch ohne Worte und machten die Anwesenheit
eines Executive Producers wie ihn überflüssig. »Trotzdem versuche
ich immer, dabei zu sein. Ich greife aber nur im Notfall regulierend
ein. Und der darf eigentlich nicht passieren, dazu sind die Kosten einer
Aufnahme viel zu hoch.« Dass er eine Aufnahme abgebrochen hat, ist
jedoch schon vorgekommen: »Da war der Solist gesundheitlich stark
angeschlagen und ganz offensichtlich nicht auf der Höhe seines Kön-
nens. Er hat sofort eingesehen, dass wir die Aufnahme besser stoppen.
Wir haben sie zu einem späteren Zeitpunkt nachgeholt, und sie ist sehr
schön geworden.«

Nicht nur der Klassikmarkt insgesamt hat sich in den letzten Jahren
stark verändert, in denen die CD-Verkäufe massiv zurückgegangen sind,
viele Plattenläden schließen mussten und das Publikum immer mehr ge-
schrumpft ist. Auch die Labels selbst sind heute anders aufgestellt als
früher. Inhabergeführte Plattenfirmen wie ECM Records, vor über
40 Jahren von Manfred Eicher gegründet und noch heute von ihm geleitet, sind Ausnahmeerscheinungen, Konzerne wie Sony, Universal und
Warner bestimmen maßgeblich das Geschäft. Natürlich sind sie finanz-
kräftiger als die Kleinen, doch »Geld ist nicht alleinentscheidend«, meint
Michael Schetelich. »Die Kompetenz des Labels – darauf kommt es an.
Wir müssen sowohl in künstlerischer als auch in wirtschaftlicher Hinsicht Partner für unsere Musiker sein.«

»Wirtschaftlich« bedeutet in dem Fall, dass der Künstler je nach Vertrag einen Vorschuss und Anteile an den Verkäufen als CD, via Download
oder Streaming erhält. Anders als noch vor einigen Jahren werden jedoch
heute im Klassikbereich kaum mehr Exklusivverträge abgeschlossen,
schon gar nicht mit Dirigenten; dieses – für das Label sehr viel kosten-
intensivere – Privileg steht nur noch ganz wenigen Ausnahmekünstlern
zu. »Durch die Digitaltechnik und das Streaming – ich denke da an Vor-
reiter wie die Digital Concert Hall der Berliner Philharmoniker, aber
auch an Spotify et cetera, wo jeder sich anmelden und seine Musik zur
Verfügung stellen kann – verändern sich die Bedingungen im Markt rasant. Für die Künstler wird es immer einfacher, auch labelunabhängig zu
produzieren. Die Herausforderung ist dann, die eigene Aufnahme so zu
platzieren, dass sie nicht im Meer der Neuveröffentlichungen untergeht.«

»Authentizität«, »Charisma« und »Persönlichkeit« auf der einen Seite,
»Praxis«, »Selbstdisziplin« und »Organisationstalent« auf der anderen.
Dazwischen die »Einsamkeit« und »Zerbrechlichkeit«. Gerd Uecker,
langjähriger Beobachter der Klassikszene und Musikmanager in den
unterschiedlichsten Positionen, bringt es auf den Punkt: »Dieser Beruf
ist nur etwas für eine absolute Elite. Das Nadelöhr, durch das die jungen
Dirigenten hindurch müssen, wenn sie etwas werden wollen, ist winzig
klein. Aber das ist gut so, das muss auch so bleiben.«

Pultchefs der Zukunft und ihre Mentoren

Das Dirigentenforum des Deutschen Musikrats

SABINE BAYERL

Individuelle Förderung für den dirigentischen Nachwuchs:
das Dirigentenforum und seine Projektleiterin Andrea Meyer-Borghardt

Dass in Deutschland eine zwar (kulturpolitisch) arg gebeutelte, doch weltweit immer noch einzigartige Theater- und Orchesterlandschaft existiert, ist in kulturinteressierten Kreisen hinlänglich bekannt. Weniger geläufig hingegen dürfte vielen Musikfreunden die Tatsache sein, dass daneben auch eine ebenso einzigartige Förderinstitution für den dirigentischen Nachwuchs wirkt, die in den letzten 25 Jahren zahlreiche vielversprechende junge Pultmeister und -meisterinnen eine wichtige Strecke auf dem Weg zum Erfolg begleitet hat: das Dirigentenforum.

Als »eine der wenigen guten Errungenschaften der DDR« habe der ehemalige Beiratsvorsitzende Prof. Dr. Peter Gülke das Dirigentenforum einmal bezeichnet, so Andrea Meyer-Borghardt auf unsere Frage nach den Anfängen der Bonner Institution. Es ist ein grauer Freitagvormittag im Frankfurter Bahnhofsviertel, für Gespräche geeignete Cafés sind rar, doch was die junge Projektleiterin des Dirigentenforums an Historischem und Konzeptionellem zu erzählen weiß, lässt uns, die Ohren gespitzt, über Geräusche vom Nebentisch hinweghören.

Bereits zu DDR-Zeiten bestand eine Dirigentenförderung, die es den ostdeutschen Nachwuchsdirigenten trotz Reiseverbots ermöglichte, zumindest innerhalb des Landes bei verschiedenen Orchestern Erfahrungen zu sammeln. Schon ab etwa

Andrea Meyer-Borghardt

1969 fanden, ins Leben gerufen vom damaligen Zentralen Bühnennachweis, der späteren Direktion für Theater und Orchester, Dirigentenkurse in Jena, Gotha, Berlin und Weimar statt. In den Jahren 1975 bis 1989 existierte außerdem die unter der Leitung von Kurt Masur tätige »Ständige Jury Dirigieren der DDR«. Auch im Westen förderte man damals schon, freilich in sehr geringem Umfang, junge Dirigenten: Seit 1960 veranstaltete der Deutsche Musikrat (DMR) im Rahmen des Deutschen Musikwettbewerbs (DMW) und der Bundesauswahl »Konzerte Junger Künstler« (KJK) sogenannte Auswahldirigieren, die beim Rundfunkorchester Hannover stattfanden. 1991 führte man unter Klaus Harnisch, der die Förderung bereits in der DDR betreut hatte, die bestehenden Initiativen unter dem Dach des Deutschen Musikrats zusammen – die Geburtsstunde des Dirigentenforums.

Keine leichte Aufgabe war es in den Anfangsjahren ab 1991, die westdeutschen Klangkörper für das Programm zu begeistern. Ein Profiorchester zu dirigieren war für den Pultnachwuchs zu Beginn der 1990er-Jahre kaum möglich. Daher sei die Hauptintention bei der Gründung des Dirigentenforums gewesen, »den Berufsanfängern vor allem eins zu beschaffen: Praxis«, erklärt Andrea Meyer-Borghardt. »Daneben ging es aber auch darum, die Dirigenten miteinander zu vernetzen, in Kontakt zu bringen. Für die jungen Leute bietet dies die Möglichkeit, sich mit Kollegen auszutauschen, die in einer ähnlichen Situation sind, sich in einem geschützten Rahmen ausprobieren zu können und sich von einem erfahrenen Mentor ein Feedback zu holen.« Die Vereinigung glückte. Durch den Zusammenschluss der unabhängigen Fördermaßnahmen in Ost- und Westdeutschland im Dirigentenforum sind für den dirigentischen Nachwuchs mittlerweile »blühende Landschaften« entstanden. Selbst international gibt es – der deutschen Orchesterdichte sei Dank – in diesem Umfang nichts Vergleichbares.

Kein Wunder, dass alljährlich rund 50 Kandidaten um einen Platz im Dirigentenforum konkurrieren. Wer aufgenommen werden möchte, muss sich – im Bereich Orchesterdirigieren – zunächst mit einem mindestens 15-minütigen Video für das Vordirigieren bewerben; gewünscht ist ein sinfonisches Werk aus dem romantischen Repertoire. Material einreichen kann jeder junge Dirigent bis 28 Jahre, der entweder deutscher Staatsbürger ist oder seinen Lebensmittelpunkt in Deutschland hat. Eine fünfköpfige Jury, bestehend aus Dirigenten, Instrumentalisten, Musikmanagern und Intendanten, die bei jeder Veranstaltung wechselt, entscheidet anhand der Videos, wer zum Vordirigat eingeladen wird. Auf die 24 ausgewählten Aspiranten wartet ein Profiorchester, mit dem sie in der ersten Runde ein sinfonisches Werk aus der Repertoireliste dirigieren. In der zweiten Runde begleiten die verbliebenen Kandidaten einen Solisten und einen Sänger. Wer am Ende eine vorgegebene Punktzahl erreicht, wird in das Förderprogramm des Dirigentenforums aufgenommen – meist sind es jährlich etwa fünf bis sechs Neuaufnahmen, die zunächst für zwei Jahre in den Genuss eines Stipendiums kommen. Nach Ablauf der Zeit steht ein weiteres Vordirigieren mit einem Orchester auf der Agenda: In einer halben Probe, d. h. während einer Stunde, muss ein vorgegebenes Repertoire geprobt werden. Eine Jury beurteilt die Qualität der Probe, bezieht in ihren Entscheidungsprozess aber auch die Entwicklung mit ein, die der Einzelne im Verlauf der beiden Förderjahre genommen hat.

Gab es früher drei Förderstufen, so endet seit 2015 die Förderung durch das Dirigentenforum endgültig nach dem vierten Jahr. Auch beim Abschlusskonzert der zweiten Förderstufe wird wieder eine Jury aktiv und wählt einen Kandidaten aus, der als Teilnehmer des Wettbewerbs Deutscher Dirigentenpreis gesetzt ist.

Wer die zweite Stufe erreicht, wird zudem automatisch in die Liste der »Maestros von Morgen« aufgenommen – ein besonderes Förderkonzept des Dirigentenforums. Diese Künstlerliste, die alljährlich aktualisiert an sämtliche Orchester und Theater in Deutschland verschickt wird, schafft durch Gagenzuschüsse Anreize, einen der jungen Dirigenten zu engagieren. Finanziert wird das Projekt komplett von der Gesellschaft zur Verwertung von Leistungsschutzrechten (GVL). »Ein bisschen übernehmen wir hier auch Agenturaufgaben«, erläutert Andrea Meyer-Borghardt. »Teilweise fragen Theater bei uns an, wenn sie Stellen für 2. oder 1. Kapellmeister zu besetzen haben, ob wir geeignete Kandidaten empfehlen können.« Denn: »Gerade die Theater, die eng mit uns zusammenarbeiten, wissen, welche Qualität wir mit unseren Stipendiaten zu bieten haben; schließlich gibt es eine harte Selektion bei unseren Aufnahmeverfahren. Wir wählen etwa die oberen zehn Prozent derjenigen aus, die sich bei uns bewerben.«

Welche jungen Dirigenten sich momentan »am Markt« tummeln, darüber hat das Dirigentenforum in der Tat einen exzellenten Überblick, wird doch so gut wie jeder Studierende im Fach Dirigieren an einer deutschen Hochschule im Laufe seines Studiums oder kurz danach mindestens einmal beim Dirigentenforum vorstellig. »Wenn man sieht, wo unsere Leute so landen, ist das eine schöne Bestätigung für unsere Arbeit und auch dafür, dass unser Programm funktioniert.« Ein besonderer Vorteil des Förderprogramms liegt sicher auch in der passgenauen Auswahl von Angeboten für jeden Einzelnen: »Wir kennen unsere Stipendiaten sehr gut und können sie daher individuell fördern. Das ist auch unser Prinzip: Wir schauen bei jedem, was zum jeweiligen Zeitpunkt und Entwicklungsstand für ihn gerade wichtig ist. Für einen ist es z. B. wichtig, Erfahrungen in der Oper zu sammeln, dem versuchen wir, eine Assistenz zu vermitteln.«

Andrea Meyer-Borghardt, die als Assistentin beim Dirigentenforum einstieg und seit 2011 als Projektleiterin fungiert, ist mit allen Stipendiaten kontinuierlich im Gespräch und lädt sie persönlich zu den Kursprogrammen ein. Bei der studierten Musikwissenschaftlerin und Kulturmanagerin laufen sämtliche Fäden des Dirigentenforums zusammen. Die inhaltliche Richtung der Institution wiederum wird vom Projektbeirat unter dem derzeitigen Vorsitz von Lothar Zagrosek vorgegeben. Das auf vier Jahre berufene Gremium, bestehend aus zwölf hochkarätigen Mitgliedern, arbeitet bei seinen halbjährlichen Zusammenkünften an der inhaltlichen Konzeption des Förderprogramms. Umgesetzt werden die Ideen dann von der Projektleiterin in Kooperation mit ihren drei Mitarbeiterinnen, die zusammen auch das »Alltagsgeschäft« (z. B. die Auswahl der Jurymitglieder und Orchester) erledigen. Allein schon die 20 bis 30 Veranstaltungen des Dirigentenforums jährlich, die Andrea Meyer-Borghardt mit ihren Kolleginnen betreut, erfordern ein gut eingespieltes Team.

Parallel zum Orchesterdirigieren wurde 2008 im Dirigentenforum auch eine Förderung für Chordirigenten ins Leben gerufen. Gerade im Chorbereich ist eine sehr große Laienszene aktiv. Stellen für Chordirigenten im professionellen Bereich hingegen sind äußerst rar – neben den Opernchören existiert nur eine Handvoll Rundfunkchöre –, Kenner der Szene mussten jedoch feststellen, dass die Chefpositionen der Rundfunkchöre nie durch in Deutschland ausgebildete Dirigenten besetzt wurden. »Natürlich«, so Andrea Meyer-Borghardt, »fragte man sich da, warum.« So wundert es nicht, dass das Förderprogramm seit seiner Einführung großen Zuspruch erfährt. »Man kann sehen, dass es da wirklich einen Bedarf gab.«

Das Förderprogramm im Bereich Chor ist ebenfalls zweistufig organisiert; von etwa 30 Bewerbern werden 15 zum Vordirigieren eingeladen, und meist werden drei Kandidaten pro Jahr aufgenommen. Fünf bis sechs Meisterkurse mit renommierten Chören wie dem MDR Rundfunkchor, dem WDR Rundfunkchor, dem NDR Chor oder dem RIAS Kammerchor sowie sehr guten Laienchören finden jährlich statt. Auch das Thema »Opernchöre« spielt eine große Rolle, wobei die Spezialisierung bei Chordirigenten weitaus ausgeprägter ist als im Orchesterbereich. Angefangen bei der Oper, der Alten Musik oder der Kirchenmusik wird versucht, das ganze Spektrum im Programm zu spiegeln und den jungen Chordirigenten einen Überblick zu verschaffen. Neuerdings bietet das Dirigentenforum, gefördert vom Deutschen Bühnenverein, für seine Stipendiaten auch Assistenzen bei Chordirektoren an großen Opernhäusern etwa in Frankfurt, Stuttgart, an der Wiener Staatsoper, der Dresdner Semperoper oder der Deutschen Oper Berlin an. »Dieses Angebot ist selbst für diejenigen Stipendiaten, die bereits an kleinen Opernhäusern im Beruf stehen, unheimlich spannend, denn hier haben sie die Möglichkeit, von erfahrenen Chordirektoren zu lernen und die Arbeit mit einem großen Opernchor von bis zu 90 Sängern mitzuerleben«, erzählt Andrea Meyer-Borghardt. Ein weiteres Novum ist der Deutsche Chordirigentenpreis, der 2014 erstmals vom Dirigentenforum vergeben wurde und um den die Absolventen der zweiten Förderstufe konkurrieren. Die Auszeichnung wird in zweijäh-

rigem Turnus verliehen und füllt eine Lücke im Chorbereich – auf Bundes-
ebene gab es bis dato keinen vergleichbaren Wettbewerb.

Finanziert wird das Dirigentenforum in erster Linie von der Beauftrag-
ten der Bundesregierung für Kultur und Medien (BKM), Monika Grütters,
sowie von der Kulturstiftung der Länder. Die GVL trägt die »Maestros von
Morgen« und stellt einen zusätzlichen Beitrag für die Projektarbeit zur Verfügung. Weitere Förderer sind die Deutsche Orchestervereinigung (DOV)
und die Deutsche Orchester-Stiftung (DO-S), die sich seit Langem mit einem jährlichen Zuschuss engagieren. Auch das Preisgeld für den Deutschen
Chordirigentenpreis wird von der DOV gestiftet. Beteiligt am Deutschen
Chordirigentenpreis ist zudem die Vereinigung deutscher Opernchöre und
Bühnentänzer (VdO), und auch der Deutsche Bühnenverein bringt sich stark
beim Chordirigentenforum ein; Projekte des Dirigentenforums im Ausland
wiederum können auf Unterstützung durch das Goethe-Institut bauen.

Für die Kurse, die exklusiv für die Stipendiaten des Dirigentenforums
angeboten werden, müssen die Teilnehmer lediglich einen – verglichen
mit Preisen von Kursen auf dem freien Markt – kleinen Obolus aus eigener Tasche entrichten. Immer versprechen die Kurse ein intensives Ar-
beitserlebnis, da die Anzahl der Teilnehmer mit drei bis vier sehr gering
ist. Der »klassische« Orchesterkurs ist dabei zumeist so aufgebaut, dass
vor der eigentlichen Probenphase mit dem Orchester etwa zwei Tage das
Repertoire mit einem Pianisten einstudiert wird. Hierfür arbeitet das
Dirigentenforum – meist schon seit Jahren – mit ganz hervorragenden
Pianisten zusammen, die in der Lage sind, einen Orchesterklang auf dem
Klavier abzubilden und tatsächlich so zu spielen, wie sie dirigiert werden.
»Das ist eine hohe Kunst«, schwärmt Andrea Meyer-Borghardt, »und
dass wir so tolle Pianisten haben, ist ein großer Schatz.« Nach der Or-
chesterprobenphase enden die Kurse überwiegend mit einem Konzert.
Wenn das Dirigat gut läuft, ergeben sich auch hier oft weitere berufliche
Möglichkeiten, und es kann schon einmal sein, dass ein Stipendiat in der
Folge von dem Orchester für ein Gastdirigat verpflichtet wird.

Der Kontakt zu den Orchestern kommt teilweise über deren Chefdirigenten zustande. Glücklicherweise sei es heute – anders als in den
Anfangsjahren – kein Problem mehr, Orchester für eine Kooperation
zu gewinnen. Auch die DOV, hier vor allem Rolf Becker, habe wichtige
Überzeugungsarbeit geleistet. »Wir haben mittlerweile über 90 Orchester, die bei unserem Programm mitwirken bzw. mitgewirkt haben, zumeist in Deutschland, vereinzelt im Ausland.« Neben dem klassischen
und romantischen Repertoire kommt auch die zeitgenössische Musik im
Kursprogramm des Dirigentenforums nicht zu kurz, etwa in Kooperation mit dem Ensemble Resonanz und auf zeitgenössische Musik speziali-
sierten Dirigenten. Die historische Aufführungspraxis ist, beispielsweise
mit dem Kursleiter Reinhard Goebel, ebenfalls vertreten.

Sehr viel Praxiserfahrung können die Stipendiaten im Rahmen von
Assistenzen an Opernhäusern sammeln. Bei diesen Opernkursen – circa
ein bis zwei Plätze pro Jahr stehen zur Verfügung – begleiten die jungen
Dirigenten eine Produktion von der ersten Sängerprobe bis zur Premiere
über einen Zeitraum von ungefähr sechs Wochen und haben dann die
Gelegenheit, eine Vorstellung (oder auch mehrere) zu dirigieren. Angeboten wird dies z. B. von den ehemaligen Stipendiaten Rasmus Baumann,
heute GMD am Musiktheater im Revier Gelsenkirchen, und Andreas
Schüller, heute GMD an der Staatsoperette Dresden, oder von Hermann
Bäumer, GMD in Mainz. Insbesondere für Dirigenten, die nicht sehr
gut Klavier spielen und denen daher der Einstieg in die Oper über eine
Stelle als 2. Kapellmeister, in der viel repetiert werden muss, verwehrt ist,
stellen diese Assistenzen eine großartige Bereicherung ihres Lebenslaufs
dar. Dass schon so mancher nach einem Opernkurs den Sprung direkt
auf eine Position als 1. Kapellmeister schaffte, macht deutlich: Auch hier
geht das Förderkonzept des Dirigentenforums auf. Möglichkeiten zu as-
sistieren bieten darüber hinaus das Bundesjugendorchester, ebenfalls ein
Projekt des Musikrats, oder die Junge Deutsche Philharmonie.

Seit einiger Zeit ergänzen Workshops, die sogenannte Akademie, das
Angebotsportfolio des Dirigentenforums. Einmal im Jahr werden hier
ganz praktische Themen bearbeitet wie z. B. Selbstvermarktung, Selbst-
management, Moderation von Werken, Gagenverhandlungen, Kontakt
zu Agenturen, Musikergesundheit oder Musikrecht.

Am Ende freilich müsse bei einem Dirigenten immer das Gesamtpaket
stimmen, meint Andrea Meyer-Borghardt. »Viele Dinge kann man sich
mit Fleiß aneignen, man muss ein unglaubliches Wissen mitbringen, über
das Repertoire, die Instrumente. Heute sind die Musiker extrem gut aus-
gebildet und wissen genau Bescheid, das darf man nicht unterschätzen.
Dazu kommen Faktoren, die schwer beschreibbar sind, hier fallen Begriffe wie ›Charisma‹, ›natürliche Autorität‹, ›Musikalität‹, ›Diplomatie‹,
›Psychologie‹, ›Kommunikation‹ und – ganz wichtig – ›Authentizität‹.
Zu allem gehört natürlich am Schluss auch eine Portion Glück, bei Ein-
springern etwa, und vielleicht die richtige Agentur.« Doch ein Handbuch
dafür, wie man eine Karriere aufbaut, das gibt es auch in den Augen der
Projektleiterin des Dirigentenforums nicht.

Über soziale Kompetenz und freiwillige Beschränkung: Hermann Bäumer

Existierte er, ein solcher Erfolgsleitfaden, müsste er definitiv ein Extraka-
pitel enthalten, in dem ungewöhnliche Laufbahnen wie die des Pultchefs
Hermann Bäumer abgebildet wären. Der GMD empfängt uns, trotz hef-

tiger Erkältung, in seinen Räumen am Mainzer Theater. Abends steht
eine Generalprobe an, dennoch nimmt er sich, einmal ins Erzählen gekommen, mehr als zwei Stunden Zeit. Als studierter Posaunist war der
gebürtige Bielefelder zunächst fünf Jahre bei den Bamberger Sympho-
nikern, dann weitere elf Jahre (1992–2003) bei den Berliner Philharmonikern unter Vertrag, ehe er sich – sozusagen als »Spätberufener« – mit
38 Jahren entschloss, seine Leidenschaft, das Dirigieren, zum Mittelpunkt
seines Berufslebens zu machen. Heute ist Hermann Bäumer als Dirigent
bestens etabliert und gibt als einer der Mentoren des Dirigentenforums
an Jüngere weiter, was er sich erarbeitet hat.

Eine typische Win-win-Situation sei das, denn nicht nur die Stipendiaten, die er betreut, nähmen im Rahmen der Kurse und Assistenzen
eine Menge mit, erklärt uns Bäumer, auch das Orchester mache neue
Erfahrungen. Sein Klangkörper habe auf diese Weise in relativ kurzer
Zeit Gelegenheit, verschiedene Dirigenten kennenzulernen. Für ihn als
GMD sei es zudem spannend zu beobachten, wie sein Orchester auf die
unterschiedlichsten Dirigentenpersönlichkeiten reagiere. Und nicht zuletzt habe sich auch für ihn persönlich hier eine Erfahrung bestätigt, die
er bereits während seiner Instrumentalausbildung gemacht hat: »Ich habe
richtig angefangen zu lernen, als ich selbst unterrichtet habe.«

Die ersten Kurse gab Hermann Bäumer bereits während seiner Zeit als
GMD in Osnabrück (ab 2004/05); seit der Spielzeit 2011/12 ist er in Mainz
und setzt die Tradition fort, Stipendiaten unter seine Fittiche zu nehmen.
Eine Kooperation, die insbesondere den mit Dirigenten knapp besetzten
kleineren Häusern zugutekommt. Steht ihnen doch während einer Opernproduktion mit dem Stipendiaten eine zusätzliche Kraft zur Verfügung,
die als Assistenz des Musikalischen Leiters fungieren kann und in dessen
Abwesenheit auch Verantwortung für einzelne Proben trägt. Voraussetzung dafür ist, dass Hermann Bäumer Vertrauen in die Nachwuchsdirigenten hat. Daher hat er sich bei jeder Opernassistenz von Andrea Meyer-
Borghardt erbeten, »den Kandidaten vorher einmal sehen und sprechen zu
können. Oksana Lyniv, eine junge Ukrainerin, die heute Assistentin von
Kirill Petrenko an der Staatsoper München ist, musste für dieses halbstün-
dige Gespräch sogar eine sechsstündige Zugfahrt auf sich nehmen – aber
sie hat die Assistenz dann bekommen. Denn wenn ich jemanden auf meine
Mitarbeiter ›loslasse‹, muss ich zumindest das Gefühl haben, dass ich ihm
das zutrauen kann. Zum Beispiel bezüglich der Frage, ob er oder sie mit
dem Orchester kommunizieren kann – auch auf Deutsch.«

Nach einem solchen Bäumer'schen Lackmustest absolvierte auch Mirga
Gražinytė-Tyla eine Assistenz am Osnabrücker Theater: »Für mich war
ganz unfassbar«, erinnert sich Hermann Bäumer, »dass eine 22-Jährige –
neben ihrer tollen musikalischen Begabung – so eine extrem hohe soziale
Kompetenz hat.« Und eben diese soziale Fähigkeit, das macht der Mainzer

Hermann Bäumer mit dem Stipendiaten Vladimir Yaskorski bei einem Kurs
des Dirigentenforums, 2013

GMD in unserem Gespräch mehrfach deutlich, sei für ihn ein ganz entscheidender Aspekt, ob jemand das Zeug zu einem guten Dirigenten hat,
der sich etwa an einem Opernhaus auf ganz unterschiedliche Menschen
einstellen muss. »Ich bin froh, dass mein Vater Friseur war«, erzählt Bäumer, »denn es gibt nicht viele Arbeitsgebiete, wo man es jeden Tag mit der
ganzen Bandbreite der Gesellschaft zu tun hat, von Jung bis Alt, vom Professor bis zur Schülerin. Als Friseur müssen Sie in der Lage sein, sich mit
jedem zu unterhalten. Und wenn Sie am Theater arbeiten, haben Sie auch
das komplette Spektrum, das Sie irgendwie zusammenhalten müssen.«
    Der Wunsch, Dirigent zu werden, begleitet Herman Bäumer schon,
seit er Anfang 20 war. Doch erst in seiner Zeit als Posaunist bei den Berliner Philharmonikern machte er – nach zahlreichen Dirigierkursen und
kleineren Dirigaten – ernst und belegte ab 1994 in Leipzig den Studien-
gang Dirigieren für Orchestermusiker. »Ein Schlüsselerlebnis im Unterricht bei Volker Rohde war, als ich einmal ein *accelerando* dirigierte,
der Lehrer mich unterbrach und fragte, wie ich denn mein *accelerando*
gefunden habe ... Ich fragte: ›War es zu wenig?‹ Er ließ mich zurückblät-
tern: Vor dem *accelerando* stand ein Wort, das ich nicht kannte: *appena*.
Also: ›kaum‹ *accelerando*. Wäre mir das vor einem Orchester passiert,
wäre ich unten durch gewesen. Am nächsten Tag habe ich mir ein dickes

Italienischwörterbuch gekauft. Seither schlage ich wirklich jedes Wort nach, das ich nicht kenne.«

Ein eindrückliches Beispiel dafür, dass neben dem fachlichen Können noch eine Reihe anderer, teils durchaus profaner Dinge eine Rolle spielen, damit einem Dirigenten eine Karriere offen steht. »Richard Strauss etwa hat in seiner Dirigierschule geschrieben, ein Dirigent dürfe nicht größer sein als 1,72 Meter. Und wenn Sie sich umschauen: Die meisten Dirigenten sind ziemlich klein.« Mit langen Armen zu dirigieren, das sei manchmal einfach schwieriger – natürlich aber möglich. Auch die Kontrolle der Atmung sei so ein Punkt. »Wenn jemand bei einer Probe alles super macht, aber derart außer Atem ist, dass er dem Orchester vor Atemnot nichts erklären kann und erst ein paar Minuten braucht, um wieder Luft zu holen, dann wird ihn niemand engagieren.«

Und wie steht es mit dem Ehrgeiz, welche Rolle spielt der für die Karriere? Hermann Bäumer gibt eine Anekdote zum Besten: »Hans Swarowsky soll die angehenden Studenten in Wien bei der Aufnahmeprüfung immer gefragt haben, warum sie Dirigent werden wollen. Wenn die jungen Leute dann gesagt haben, weil ich diese oder jene Brahms-Sinfonie auf eine bestimmte Weise dirigieren will, war das nicht das, was Swarowsky hören wollte. Wenn aber jemand antwortete, weil ich viel Geld verdienen will, sagte Swarowsky: ›Okay, ich sehe, du willst es wirklich.‹«

Ehrgeiz bezieht sich aber nicht nur auf Karriere, meint Hermann Bäumer, für den es in der Kunst eher um extreme Neugier geht und darum, sich tief in etwas versenken zu wollen. Dabei hätten sich die Anforderungen an einen Dirigenten in den letzten Jahrzehnten gravierend verändert. »Man erwartet heute z. B. von einem Chefdirigenten der Berliner Philharmoniker, dass er alle Stile perfekt beherrscht, dass er Konzert wie Oper kann, dass er total innovativ ist in seinem Programm, dass er ein Händchen hat, mit jungen Leuten umzugehen, und dass jedes Stück, das er macht, musikalisch so ist, dass man sagt, das haben wir so noch nicht gehört. Das ist ein Witz, das kann keiner! Suchen Sie mal einen Trainer, der gleichzeitig die Nationalmannschaft im Schwimmen, im Tischtennis und im Schach trainiert – das gibt es nicht. Und dazu muss man jemand sein, der immer nett ist, total akribisch in den Proben, der Autorität hat, aber immer locker bleibt.« Man *müsse* sich als Dirigent beschränken, das aber sei in der heutigen Zeit schwierig. »Es wird erwartet, dass ein Dirigent das komplette Repertoire bedient. Macht er es nicht, kreidet man es ihm an; bedient er es, dann sagen die Leute, es ist schlecht, wenn das Level nicht immer 110-prozentig ist …«

Dass man als Dirigent auch grandios scheitern kann, müsse jedem klar sein, so der Mainzer GMD. »Bei einem Dirigenten kommt es auch auf die Tagesform an, auf das Besondere des Moments und nicht zuletzt auf die Stücke – wenn man z. B. ein Stück dirigiert, das ein Kollege kurz vorher dirigiert hat, bei dem es eine Sternstunde war. Das alles ist für junge Leute ein Hammer.« Deshalb legt er all seinen Kursteilnehmern ans Herz, dass sie sich wirklich gut überlegen sollen, ob sie Dirigent werden wollen. Dabei ist Hermann Bäumer mit seinem Enthusiasmus das lebende Beispiel dafür, dass dem Dirigentenberuf – neben allen Herausforderungen – eine Faszination innewohnt, der man sich, wenn man ihr einmal erlegen ist, nicht mehr entziehen kann.

Und sein abschließender Rat an die nachfolgende Dirigentengeneration? »Die Leute müssen etwas Eigenes finden, ohne Angst zu haben, dass man damit falsch liegt, und sie müssen trotzdem die Partitur ernst nehmen. Wir machen nicht Musik wegen der Kritik hinterher, sondern wegen des Moments, in dem der Klang am Abend entsteht. Die Gefahr für Dirigenten ist, dass man das vergisst.«

Mit klarer Haltung und wachsamem Blick auf die Tradition: Gabriel Feltz

Einer, der ebenfalls als engagierter Verteidiger der musikalischen Sache auftritt, ist der Dortmunder GMD Gabriel Feltz. Die Grundlagen für seine künstlerische Haltung wurden u. a. im Dirigentenforum gelegt, gehörte der gebürtige Berliner, der von 1989 bis 1994 an der Berliner Hochschule »Hanns Eisler« sein Dirigierstudium absolvierte, doch einst zu den Stipendiaten der ersten Stunde. »Der von Klaus Harnisch in Gotha organisierte Kurs hatte bereits zu DDR-Zeiten Kultstatus. 1990, also unmittelbar nach der Wende, habe ich davon erfahren, dass der Kurs weitergeführt wird, und kurz darauf das erste Mal daran teilgenommen. Bei diesem Kurs entstand die Idee des Dirigentenforums. Es war damals ein Wink des Schicksals, dass ich, zusammen mit vielleicht drei, vier anderen, einer der Ersten war, der in dem neu gegründeten Dirigentenforum landete.« Denn, so bestätigt Gabriel Feltz die Ansicht vieler seiner Kollegen, das A und O für einen jungen Dirigenten während der Ausbildung sei der Praxisbezug. »Ich vergleiche es gerne damit: Wenn man von London nach New York fliegt, wünscht man sich einen Flugkapitän, der 70 000 Flugstunden im Cockpit zugebracht hat, bevor er den Flug verantwortet. Und die Orchester wünschen sich eben auch einen Dirigenten, der 30 000 oder sogar 70 000 Stunden vor einem Orchester gestanden hat. Das ist für junge Dirigenten einfach nicht möglich. Ein Instrumentalist kann sich in seinem Zimmer einschließen, jeden Tag zehn Stunden üben und versuchen, eine Weltkarriere zu starten. Ein Dirigent kann das alleine nicht. Da ist natürlich jede Gelegenheit hochwillkommen, wenn man einmal ein Orchester dirigieren kann, und sei es auch nur für 20 Minuten. Und genau das hat das Dirigentenforum damals schon geboten, es war ein ganz entscheidender Teil meiner Ausbildung. Ich würde sogar so weit gehen zu sagen: Ohne das Dirigentenforum wäre mein dirigentischer Weg sicher anders verlaufen.« Schließlich habe er schon zwei Jahre nach seiner Zeit beim Dirigentenforum seinen ersten Ruf als GMD nach Altenburg/ Gera erhalten. »Besser kann es gar nicht funktionieren.«

Als besonders nachhaltige Erfahrung im Gedächtnis haften geblieben ist Gabriel Feltz aus seiner Stipendiatenzeit das Konzert, bei dem 1999 der Preisträger des Deutschen Dirigentenpreises gekürt werden sollte. Nicht nur, weil der Preis am Ende ihm zuerkannt wurde, sondern weil er davor etwas beweisen musste, das in seinen Augen für jeden Dirigenten entscheidend ist: Haltung. »Mir wurde von der Jury auferlegt, die 5. Sinfonie von Beethoven zu dirigieren. Was dann passiert ist, finde ich für meine Persönlichkeit exemplarisch und sehr wichtig: Ich war der Meinung, ein Spitzenorchester muss keine 5. Sinfonie mit einem jungen Dirigenten spielen, der das Stück vielleicht zum vierten oder fünften Mal dirigiert und noch gar keine besondere Handschrift für Beethoven entwickeln konnte – denn das dauert. Ich habe mich also vehement dagegen gewehrt. Man muss als Dirigent einen eigenen Kopf haben, vor allem was Programmatik betrifft oder Interpretationsansätze. Wenn man als Dirigent nicht bereit ist, für seine Ideale einzustehen, ist das schwierig.« Feltz wollte damals eben nicht die 5. Sinfonie dirigieren, die »jedes Kind« kennt und das WDR Sinfonieorchester »wahrscheinlich auswendig«, sondern die 3. Sinfonie von Rachmaninow, »weil das ein ganz unbekanntes Werk ist, das mir sehr liegt, das ich sehr schätze und welches das Orchester in Köln 16 Jahre nicht gespielt hatte. Ich bekam Schützenhilfe von Dmitrij Kitajenko, einem Dirigenten von Weltrang, der in der Jury saß und sagte: ›Ja, das ist richtig. Es ist besser, wenn der junge Kollege etwas wählt, das ihm liegt, das auch eine technische Herausforderung ist, statt die 150. Version einer 5. Beethoven-Sinfonie zu liefern, die uns nichts Neues bringt.‹ Teile der Jury waren dagegen. Ich habe mich durchgesetzt, und ich habe den Preis dann auch bekommen. Ich bin mir sicher, dass ich ihn mit der 5. Beethoven zur damaligen Zeit nicht bekommen hätte.«

Längst ist aus dem ehemaligen Stipendiaten Gabriel Feltz ein Mentor und Dozent geworden, und als solcher hat er eine klare Vorstellung davon, wie für ihn die ideale Ausbildung aussieht: »Ich fühle mich der deutschen Kapellmeistertradition verpflichtet, das heißt von der Pieke auf das Theaterleben studieren, Klavier und sehr gut vom Blatt spielen können, eine große Kenntnis über Oper haben, nicht die kleinen Gewerke verachten wie das Korrepetieren, die Bühnenmusiken, auch das Soufflieren. Aus diesem Konglomerat zum Pult zu kommen ist für mich der ideale Weg. Ich weiß, dass die Zeiten heute ganz anders sind, aber ich sehe mich als einen der Vertreter, der diesen Beruf so gelernt hat, und das versuche ich in meinen Kursen weiterzugeben.«

Gabriel Feltz mit der Stipendiatin Giedrė Šlekytė bei einem Kurs
des Dirigentenforums, 2014

Besonders wichtig findet er dabei, den jungen Leuten Freiräume zu lassen. »Dirigenten sind ganz stark darauf angewiesen, dass sie ihrem Selbst vertrauen. Natürlich ist das am Anfang noch nicht so entwickelt, das kann sich ja nur über Erfolg entwickeln. Wenn ich aber als Pädagoge zu viel Druck ausübe, weil ich der Meinung bin, ein Student macht etwas falsch, dann kann ich dieses Selbstvertrauen und Selbstgefühl nachhaltig beschädigen.« Vor allem in der Situation vor dem Orchester. Der Dirigent werde in dem Augenblick, in dem er auf dem Podest steht, als Chef akzeptiert. »Ganz egal, ob es die Berliner Philharmoniker sind und ein Student oder ein sehr kleines Orchester und ein weltberühmter Dirigent. Wenn jetzt aber der Lehrer, auch wenn er in allen Punkten recht hat, zu viel eingreift, dann wird dieses Gefüge, diese natürliche Autorität des Studenten so stark geschädigt, dass das Orchester ihn nicht mehr ernst nimmt. Und das ist das Schlimmste, was man in der Probe tun kann.« Er selbst versucht deshalb, so wenig wie möglich zu intervenieren. Jeder Student soll sein eigenes Gefühl vor dem Orchester finden dürfen, seine eigene Technik, wie er sich zum Orchester hinwendet, wie er kommuniziert, sowohl verbal als auch nonverbal. »Wenn ich eingreife, dann außerordentlich respektvoll. Was habe ich davon, wenn ich eine große Begabung vor mir habe, einen sehr tief empfindenden Musiker mit großem Potenzial, der sich aber schlagtechnisch nicht gut anstellt und vielleicht auch noch unsicher ist, und ich drücke immer auf diese Schwäche. Ich muss ihm eher den Rücken stärken in dem, was er gut macht. Bei seinen Schwächen muss ich ihm auch helfen, aber nicht vor dem Orchester. Vor dem Orchester gebe ich fast nur positives Feedback.«

Ein Dirigent muss sich, da ist Gabriel Feltz ganz klar in seiner Aussage, entwickeln dürfen – während der Ausbildung und danach. »Wir haben heute eine Reihe von extrem talentierten, sehr jungen Dirigenten, die unglaubliche Karrieren machen, die die größten Orchester dieser Welt dirigieren, bei denen ich mich aber frage, wie eine musikalische Entwicklung in die Tiefe, in einer kontinuierlichen Auseinandersetzung mit dem klassisch-romantischen Erbe erfolgen kann, wie es die Dirigenten hatten, die wir heute als die großen Götter verehren wie Furtwängler, Karajan, Bernstein, Celibidache. Diese Klasse, die weltweit anerkannt ist und Jahre und Jahrzehnte gebraucht hat, um die Interpretationen zu entwickeln, die dann legendär wurden – das sehe ich bei den Dirigenten heute nicht. Das ist für mich ein großer Kummer.« Gabriel Feltz wünscht sich, dass der Anspruch nicht zurückgeschraubt wird, »dass wir sagen: ›Ja, wir fördern Kultur und Orchester, wir fördern Dirigenten, aber wir haben ein wachsames Auge auf die Tradition, und wir geben den Leuten Zeit, sich zu entwickeln, und wir erwarten dann aber auch etwas Existenzielles in der Auseinandersetzung mit den Werken.‹ Wenn Kunst nicht existenziell ist, dann verliert sie an Wert. Es geht schließlich nicht nur darum, die Leute zu unterhalten.«

Über die Schwierigkeit, ein Engagement an der richtigen Stelle zu erlangen: Andreas Schüller

Dass frühzeitig praktische Erfahrungen zu sammeln eine Grundvoraussetzung für einen erfolgreichen Start ins Dirigentenleben ist, darüber war sich Andreas Schüller bereits als Student im Klaren: »Mit diversen Studenten- und Projektorchestern konnte ich zum Teil riesige Programme verwirklichen. Auch gerade die Arbeit im Bereich freier Opernproduktionen war letztendlich entscheidend für meinen beruflichen Einstieg am Theater.« Den ehemaligen Stipendiaten und heute ebenfalls als Dozent tätigen Chefdirigenten der Staatsoperette Dresden führte sein Weg zum Dirigentenforum, an dem er zuletzt auf der Liste »Maestros von Morgen« vertreten war, über die mit der Bonner Institution bestens vernetzte Berliner »Hanns Eisler« Hochschule. Erst gegen Ende seines Studiums kam der gebürtige Berliner in den Genuss der Förderung und wurde während seiner Stipendiatenzeit bereits als Kapellmeister an die Wiener Volksoper engagiert. Das Dirigentenforum als Scharnier im Interimsbereich von Studium und Beruf – in Schüllers Karriere hat es diese Funktion erfüllt: Der »Maestro«-Liste zu verdankende Einladungen (etwa beim MDR in

© Klaus Gigga

Andreas Schüller als Leiter eines
Kurses des Dirigentenforums, 2014

Leipzig und der Jenaer Philharmonie) und zahlreiche Kontakte haben ihn mit Sicherheit weitergebracht. Ebenso die Kurse, die er beim Dirigentenforum besuchte, vermittelten sie doch »sehr anschaulich das Gefühl, welches man beim Vor- bzw. Probedirigieren um eine feste Stelle erleben kann. Oft musste ich das in meinem Leben – Gott sein Dank – nicht mitmachen; aber sicher war das ›Vortanzen‹ bei den Dirigentenforum-Kursen hilfreich.«

Und einen weiteren Aspekt hebt der studierte Dirigent, Pianist und Hornist hervor: »Durchaus wichtig finde ich die Vernetzung mit gleichaltrigen Kollegen über den eigenen Studienstandort hinaus, die durch das Dirigentenforum zustande kam. In gewisser Weise erfährt dies nun seine Fortsetzung in der GMD-Konferenz, die sich jetzt sogar vereinsmäßig etabliert hat und in der nicht wenige ehemalige Stipendiaten vertreten sind. Und es ist sicherlich kein Zufall, dass der frühere Projektleiter des Dirigentenforums, Andreas Bausdorf, dort mit von der Partie ist …«

Einzig die Unterstützung in ganz praktischen Fragen vermisste Andreas Schüller zu seiner Stipendiatenzeit. »Was man in den Bereichen Verträge, Agenturen, GEMA als Anfänger zuweilen für gravierende Fehler macht, ist wirklich haarsträubend. Die Hochschulen haben sich seinerzeit um so profane Dinge überhaupt nicht gekümmert.« Mittlerweile hat die Akademie des Dirigentenforums diese Lücke geschlossen.

Auf die Frage, was die größte Schwierigkeit für einen jungen Dirigenten nach Studienabschluss sei, weiß Andreas Schüller, heute viel gefragter Pultchef, prompt eine Antwort: »Das Erlangen eines Engagements an der *richtigen* Stelle. Nicht jeder ist fürs Theater geeignet, und nicht jeder möchte sich nur mit Alter Musik befassen. Wer es nicht geschafft hat, während der Ausbildung *sein* Feld zu finden, der wird später nur unbestimmt suchen. Die Abschlussprüfung einer Hochschule ist ja nur für die Rentenversicherung relevant, nicht aber für eine künstlerische Karriere. Es gilt also, beizeiten herauszufinden, auf welche Art und Weise man Musik machen möchte. Die Ausbildung ist sicherlich nicht für jeden das geeignete Vehikel, dies herauszubekommen. Das Dirigentenforum kann dabei aber sehr gut helfen.«

Einzigartige Erfahrungen und jede Menge Austausch:
Cornelius Meister

Als »jüngster GMD Deutschlands« ging er während seiner Zeit in Hei-delberg (2005–2012) durch die Presse; seit 2010 ist Cornelius Meister u. a. Chefdirigent und Künstlerischer Leiter des ORF Radio-Symphonie-orchesters Wien, 2018 wechselt er als GMD an die Staatsoper Stuttgart. Auch der gebürtige Hannoveraner befand sich bereits in ersten Engage-ments, als er von 2003 bis 2007 vom Dirigentenforum gefördert wurde. »Schon früh – lange bevor ich mich beworben habe – hatte ich gehofft, einmal als Teilnehmer ausgewählt zu werden. Ich erinnere mich, dass die Jury mir nach meinem Auswahldirigat sagte, man habe mich gerade noch so eben positiv beurteilt. Ich war glücklich, dass es gleich bei meiner ersten Bewerbung geklappt hat.«

Eine »ausgesprochen feine Sache« sei diese Förderinstanz, findet Meister. »Am liebsten hätte ich viel mehr Angebote des Dirigentenfo-rums wahrgenommen. Aber bereits mit 21 Jahren hatte ich meine erste feste Stelle am Theater. Irgendwann kam der Zeitpunkt, an dem ich sagen musste: ›Bitte streicht mich aus der Liste der Stipendiaten; ich habe ein-fach nicht genügend Gelegenheiten, neben meiner festen Stelle und mei-nen Gastspielen an euren Kursen teilzunehmen.‹ Nichtsdestotrotz fühle ich mich dem Dirigentenforum eng verbunden.«

Als besonders prägend ist Cor-nelius Meister ein Meisterkurs bei Kurt Masur mit dem Beethoven Orchester Bonn in Erinnerung geblieben. »Kurt Masur nahe zu sein war einzigartig. Aber auch die anderen jungen Teilnehmer waren echte Persönlichkeiten – Patrick Lange etwa habe ich gerade neulich erst wieder getroffen, als er an der Wiener Staatsoper dirigiert hat.« Gefragt, was junge Studenten tun können, um den Berufseinstieg gut zu bewältigen, erzählt Cornel-ius Meister, was für ihn persönlich wichtig war: Musik hören, Par-tituren lesen, sich mit der Geistes-geschichte vertraut machen, Spra-chen lernen und natürlich auch mit Orchestern arbeiten – »egal, ob mit Berufsorchestern, mit Studenten,

Cornelius Meister mit Kurt Masur bei einem Kurs des Dirigentenforums, 2006

© Beethoven-Haus Bonn/Marion Caspar

mit Jugendlichen«. Der Studienabschluss aber, da ist sich Meister sicher, sei im Grunde vollkommen unwichtig. »Ich kenne keinen Generalmusik-direktor, der bei der Suche nach einem neuen Kapellmeister auf die Note der Dirigierprüfung achtet (vielleicht schon eher darauf, ob jemand in Gehörbildung oder im Partiturspiel eine Vier hat …).« Und: »Wer glaubt, dass er sich erst nach dem Ende des Studiums um Dirigiergelegenheiten kümmern sollte, wird es schwer haben. Und wer nicht gut korrepetiert, wird es in Mitteleuropa am Anfang auch schwer haben.«

So gefragt Cornelius Meister heute international als Dirigent ist, den Austausch mit Kollegen, wie er ihn beim Dirigentenforum erleben durfte, schätzt und sucht er immer noch: »Im Grunde genommen, stehen wir doch alle vor den gleichen Herausforderungen und Schwierigkeiten. Es ist ein-fach spannend zu erleben, wie jeder sie auf andere Weise zu lösen versucht.«

Eine große Familie und intensive Begegnungen: Mirga Gražinytė-Tyla

Im September 2016 tritt eine junge Litauerin in der Nachfolge u. a. von Sir Simon Rattle und Andris Nelsons ihr Amt als Music Director des City of Birmingham Symphony Orchestra an: Mirga Gražinytė-Tyla. Auch sie war von 2009 bis 2014 im Förderprogramm des Dirigenten-forums, ein Angebot, das die Wahl ihres Studienorts nach dem Bachelor in Graz entscheidend beeinflusste: »Einer der wichtigsten Gründe für meinen Wechsel nach Deutschland war die Tatsache, dass dieses Land so ein tolles Förderprogramm für junge Dirigenten hat – das Dirigenten-forum.« Mit geringen Erwartungen sei sie damals, kurz nach Beginn ihres Studiums bei Prof. Ulrich Windfuhr an der Leipziger Musikhoch-schule, zum Bewerbungsdirigat nach Nürnberg gefahren. »Eher um mich auszuprobieren«, meint Gražinytė-Tyla – und wurde prompt auf-genommen.

Auch wenn sie aufgrund ihrer zahlreichen Verpflichtungen aus dem Abschlussdirigieren der zweiten Förderstufe aussteigen musste – die hoch gehandelte Jungdirigentin weiß die Erfahrungen ihrer Stipendia-tenzeit zu schätzen: »Die Möglichkeit, mit tollen Mentoren zu arbeiten, verschiedene Orchester kennenzulernen, viele Kollegen meiner Genera-tion zu treffen und mit ihnen wichtige, freundschaftliche Beziehungen zu entwickeln«, all das sei für sie enorm wichtig gewesen.

Überhaupt ist das Dirigentenforum in ihren Augen wie eine »große Familie« angelegt und hilft dabei, das dirigententypische Gefühl der Einsamkeit zu bekämpfen. »Viele der Teilnehmer, mit denen wir ver-schiedene Kurse quer durch Deutschland sowie im Ausland absolviert haben, sind zu engen Freunden geworden.« Ein weiterer Zweig der Fa-

milie sei der Beirat des Dirigentenforums. Hier bestehe wie bei den jüngeren Kollegen die Möglichkeit des gegenseitigen Austauschs. Aber auch
die Mentoren und die Orchester gehören für Mirga Gražinytė-Tyla mit
zur großen Sippschaft Dirigentenforum. »Wenn man all diese einmaligen
Chancen wahrnimmt, kann man sich nicht mehr einsam fühlen.«

Regelrecht ins Schwärmen gerät sie, wenn sie von den »beeindrucken-
den« Kursen erzählt, in Bonn mit Kurt Masur und Beethoven oder in
Stuttgart mit Herbert Blomstedt und Bruckner. »Beide Begegnungen waren sehr intensiv und unvergesslich für mich.« Besonders in Erinnerung
geblieben sind ihr die täglichen Bonner Spaziergänge am Rhein in ihrer
freien Zeit, »Partitur im Kopf; drinnen Reflexion, draußen Inspiration«,
und die Besuche im Beethovenhaus, mit dem »überaus freundlichen«
Team und »den besonderen Programmen, an denen wir teilnehmen durf-
ten. Inklusive geheime Kellerkrypten, wo wichtige Autografe aufbewahrt
sind.« Während sie in Bonn in drei Phasen mit Kurt Masur, dem Beethoven Orchester Bonn und anderen Kursteilnehmern die 5. bis 9. Sinfonie
studiert habe, sei in der Zusammenarbeit mit Blomstedt, dem Mentor
mit den »singenden Augenbrauen«, die Partitur ihre Bibel gewesen. Das
Ergebnis: »Glückliche und berührte Musiker sowie Kursteilnehmer, die
sich gegenseitig bewunderten und Freud und Leid miteinander teilten.
Alle gemeinsam von Musik fasziniert und für sie brennend.«

© SWR / Alexander Kluge

Mirga Gražinytė-Tyla mit Herbert Blomstedt bei einem Kurs
des Dirigentenforums, 2010

Anhang

25 Jahre Dirigentenforum: 1991–2016
Eine Dokumentation

Förderzweig Orchesterdirigieren

Stipendiaten des Dirigentenforums

David Afkham	2008–2010	
Alexis Agrafiotis	1996–1999	
Günther Albers	1998–2001	
Christoph Altstaedt*	2003–2008	
Francesco Angelico*	2007–2011	Deutscher Dirigentenpreis 2011
Brett Alan Austad	2002–2007	
Rasmus Baumann*	2002–2009	
Pavel Baleff*	1995–2002	
Ingmar Beck	2014–2016	
Aurelien Bello*	2007–2012	
Felix Bender*	2011–2016	
Golo Berg*	1996–1999	
Allan Bergius*	1993–1995 und 1997–2004	
Dominik Beykirch*	seit 2013	
Markus Bieringer	2007–2010	
Anja Bihlmaier	2005–2008	
Alexander Sinan Binder	seit 2016	
Matthias Böhm	1992–1994	
Roger Boggasch	1995–1996	
Johannes Braun*	seit 2014	
Anna-Sophie Brüning	2003–2008	
Philip van Buren	2001–2002	
Daniel Carlberg*	2002–2007	
Constantinos Carydis	1998–2000	
Eva Caspari	2008–2011	
Timor Oliver Chadik	2005–2007	
Hee-Chuhn Choi*	2002–2007	
Evan Christ*	2001–2006	
Nuno Coelho Silva	seit 2015	
Itay Dvori	2004–2007	
Kevin John Edusei*	2004–2008	
Henning Ehlert	2005–2008	
Thomas Eitler	1996–1999	
Titus Engel	2002–2005	

* Zusätzliche Förderung durch Aufnahme in die Künstlerliste »Maestros von Morgen«.

Bernhard Epstein	2002–2004	
Gabriel Feltz*	1992–1999	Preis des Dirigentenforums 1999
Achim Fiedler*	1994–2001	
Matthias Foremny*	1996–2002	Preis des Dirigentenforums 2002
Christian Frank	1991–1995	
Georg Fritzsch*	1992–1997	
Lancelot Fuhry*	2001–2007	
Christian Garbosnik	1992–1994	
Simon Gaudenz*	2004–2009	Deutscher Dirigentenpreis 2009
Askan Geisler	2001–2004	
Mihhail Gerts*	seit 2013	
Konstantia Gourzi	1992–1994	
Mirga Gražinytė-Tyla*	2009–2014	
Christian Günther	1998–2002	
Michael Güttler	1993–1998	
Kerem Hasan	seit 2016	
Marie-Luise Häuser	2004–2006	
Mario Hartmuth	2014–2016	
Hermes Helfricht*	seit 2013	
Ivo Hentschel*	2005–2013	
Niklas Benjamin Hoffmann	seit 2016	
Seokwon Hong*	2009–2014	
Gábor Hontvári	seit 2016	
Andreas Hotz*	2006–2011	
Daniel Huppert	2009–2011	
Marie Jacquot	seit 2016	
Joongbae Jee*	2010–2014	
Gitti Jentsch	1991–1994	
Ud Joffe	1998–2000	
Gabor Kali	2009–2011	
Stamatia Karampini	1999–2002	
Hartmut Keil	2004–2006	
Ulrich Kern	2004–2006	
Cornelia von Kerssenbrock*	2001–2006	
Eun Sun Kim*	2007–2013	
Johannes Klumpp*	2005–2011	
Roland Kluttig*	1992–1999	
Christian Kluxen	2010–2013	
Christoph König	1992–1996	
Holger Kolodziej	2001–2003	
Christopher Kramp	2008–2010	
Holger Krause	1998–2004	
Judith Kubitz*	1993–1996 und 1998–2003	
Mihkel Kütson*	1999–2006	Deutscher Dirigentenpreis 2006
Benjamin Lack	2006–2008	
Markus Landerer*	2006–2010	
Sabine Lang	1993–1996	
Patrick Lange*	2005–2010	
Vicente Larrañaga	1997–2002	
Dominic Limburg	seit 2015	
Chin-Chao Lin	2013–2015	

Silke Löhr	1992–1994	
François López-Ferrer	2014–2016	
Oksana Lyniv	2007–2009	
Fergus Macleod	2012–2015	
Maria Makraki*	1996–2002	
Ciarán McAuley*	2011–2015	
Leo McFall*	2009–2015	Deutscher Dirigentenpreis 2015
Cornelius Meister*	2003–2007	
Antonio Méndez Simón	2010–2013	
Alexander Merzyn*	2010–2014	
Clemens Mohr	seit 2016	
Matthias Mücksch	1994	
Reiner Mühlbach	1994	
Wolfram Neubert	1996–1999	
David Niemann	seit 2015	
Cosima Osthoff	1992–1994	
Da Xi Pan	1993–1994	
Tabaré Perlas	1997–2001	
Volker Perplies	2004–2007	
Hossein Pishkar	seit 2015	
Marc Piollet*	1992–1995	Preis des Dirigentenforums 1995
Olivier Pols	2011–2013	
Markus Poschner*	1998–2004	Preis des Dirigentenforums 2004
Kristiina Poska*	2008–2013	Deutscher Dirigentenpreis 2013
Thomas Posth	2006–2008	
Eckart Preu	1992–1996	
Christian Reif*	seit 2014	
Jiří Rožeň	seit 2015	
Christoph Sandmann	1992–1996	
Michael Schmidtsdorff	1996–2000	
Clemens Schuldt*	2010–2014	
Andreas Schüller*	2003–2007	
Christian Schumann	2007–2010	
Lahav Shani	2013–2015	
Peter Shannon	1997–2001	
Anna Shefelbine	2002–2004	
Sergey Simakov*	2012–2016	
Jesko Sirvend	2008–2010	
Giedrė Šlekytė	2013–2015	
Ralf Sochaczewsky	2003–2005	
An-Hoon Song*	2008–2012	
Daniele Squeo	2012–2015	
Ulrike Stein (* Lauterbach)	1992–1995	
Wolf-Michael Storz	1994–1999	
Christine Strubel	2003–2005	
Yu Sugimoto	seit 2016	
Shi-Yeon Sung*	2004–2009	
Leslie Suganandarajah	2011–2014	
Sebastian Tewinkel	2001–2002	
Justus Thorau*	2010–2015	
Hendrik Vestmann*	2002–2006	

Lorenzo Viotti   2014–2016
Christian Voß*   1993–2001   Preis des Dirigentenforums 2001
Eckhard Wagner   1991–1996
Matthias Wegele   1992–1994
Christian Weidt   2012–2015
Jürgen Weisser   1992–1994
Richard Wien   1998–2000
Johannes Witt   2007–2009
Ekhart Wycik   1992–1994
Lisa Xanthopoulou*   1997–2001
Yura Yang   seit 2016
Vladimir Yaskorski*   2012–2016
Noam Zur   2003–2006

Mitwirkende Orchester

Anhaltische Philharmonie Dessau   2004, 2005, 2007
Philharmonie Baden-Baden   2008, 2010, 2011, 2013, 2015
bayerische kammerphilharmonie   2010, 2011, 2013, 2015
Beethoven Orchester Bonn   1998, 2001, 2003, 2004, 2006, 2008, 2009, 2010, 2016
Bergische Symphoniker   1997, 1999, 2001, 2005
Bielefelder Philharmoniker   2010
Bochumer Symphoniker   2000
Brandenburger Symphoniker   2012
Brandenburgisches Staatsorchester Frankfurt   1994, 1995, 1996, 1997, 1998, 1999,
    2000, 2001, 2002, 2003, 2004, 2005, 2006, 2007, 2008, 2010, 2011, 2012, 2014, 2016
Bremer Philharmoniker (früher Philharmonisches Staatsorchester Bremen)   1997,
    1998, 1999, 2006, 2008, 2011, 2013, 2015
Concerto Köln   2008
Deutsche Radio Philharmonie Saarbrücken/Kaiserslautern (früher Rundfunk-Sinfo-
    nieorchester Saarbrücken)   1996, 1998, 2002
Deutsches Nationaltheater und Staatskapelle Weimar   1997, 2006
Deutsches Symphonie-Orchester Berlin   2006
Deutsche Staatsphilharmonie Rheinland-Pfalz   2005
Dortmunder Philharmoniker   2008, 2014
Dresdner Philharmonie   2013, 2014
Duisburger Philharmoniker   2013
Elbland Philharmonie Sachsen (früher Orchester der Landesbühnen Sachsen)   2006
ensemble recherche   2001, 2002, 2003
Ensemble Resonanz   2005, 2008, 2012
Essener Philharmoniker   1994
Frankfurter Opern- und Museumsorchester   1995, 1996
Göttinger Symphonie Orchester   1993, 1994, 1995, 1996, 1997, 1998, 1999, 2000, 2001,
    2002, 2003, 2004, 2005, 2006, 2008, 2010, 2013, 2015
Hamburger Symphoniker   1995, 2004
Hessisches Staatsorchester Wiesbaden   1999, 2000, 2007
Hofer Symphoniker   1999, 2002, 2003, 2005, 2007, 2009, 2011, 2013
hr-Sinfonieorchester (früher Radio-Sinfonie-Orchester Frankfurt)   1993
Israel Chamber Orchestra   2012, 2015
Jenaer Philharmonie   1994, 1995, 1998, 2000, 2001, 2007, 2010, 2011, 2012, 2014
Jugendsinfonieorchester Sachsen-Anhalt   2002

Junge Deutsche Philharmonie   1995, 1996
Kammerorchester »C. Ph. E. Bach«   1996
Konzerthausorchester Berlin (früher Berliner Sinfonie-Orchester)   1993, 1996, 1997,
    1998, 2001, 2003, 2006, 2009, 2011, 2013, 2014, 2015
Landeskapelle Eisenach   2000
MDR Sinfonieorchester (früher unter anderem Radio Philharmonie Leipzig)   1992,
    1993, 2000, 2002, 2005, 2006, 2008, 2009, 2010, 2012, 2013
Mecklenburgische Staatskapelle Schwerin (früher Staatskapelle Schwerin)   2008,
    2009, 2015
Meininger Hofkapelle   2001, 2016
Münchener Kammerorchester   2001, 2004
Münchner Symphoniker   1998
NDR Radiophilharmonie (früher Radio-Philharmonie Hannover des NDR)   1997,
    2000, 2002
Nederlands Philharmonisch Orkest   2012
Neubrandenburger Philharmonie   1993, 1994, 1996, 1997, 1998, 2002, 2003, 2005,
    2007, 2008, 2010, 2012, 2014
Neue Philharmonie Westfalen   2006, 2009, 2010, 2011, 2012, 2013, 2016
Niedersächsisches Staatsorchester Hannover   2001, 2008, 2014
Noord Nederlands Orkest   2013
Nordböhmische Philharmonie Teplice   2012
Norddeutsche Philharmonie Rostock   2002, 2004
Nordwestdeutsche Philharmonie   2013, 2015, 2016
Nürnberger Symphoniker   1993, 1994, 1995, 1996, 1997, 1998, 1999, 2001, 2002, 2003,
    2004, 2005, 2006, 2007, 2009, 2012, 2014, 2016
Orchester 1770 Musikakademie Rheinsberg   2010
Orchester der Hochschule des Saarlandes für Theater und Musik   1994, 1999, 2001,
    2003
Orchester der Musikalischen Komödie Leipzig   1998, 2000, 2002, 2005, 2007, 2008,
    2009, 2010, 2011, 2012, 2013, 2014, 2015, 2016
Orchester des Staatstheaters am Gärtnerplatz   2005
Orchestre Philharmonique de Strasbourg   2016
Orkiestra Symfoniczna Filharmonii Zielonogórskiej   2014
Osnabrücker Symphonieorchester   2003, 2007, 2011
österreichisches ensemble für neue musik   2007, 2009, 2014
Philharmonia Hungarica   1996, 1997, 1998, 1999, 2001
Philharmonie Hradec-Králové   2011
Philharmonie Südwestfalen (früher Philharmonisches Orchester Südwestfalen)   1998,
    2000, 2001, 2002, 2003, 2004, 2005, 2006, 2007, 2008, 2011, 2012, 2013, 2015
Philharmonisches Orchester Altenburg-Gera (früher Landeskapelle Altenburg und
    Philharmonische Orchester Gera)   1992, 1994, 1996, 1998, 2004, 2007, 2011
Philharmonisches Orchester Bremerhaven (früher Städtisches Orchester Bremerha-
    ven)   2001, 2002, 2003
Philharmonisches Orchester Graz   2007, 2008, 2009
Philharmonisches Orchester des Staatstheaters Cottbus   2000, 2001, 2002, 2003, 2005,
    2007
Philharmonisches Orchester Kiel   2001, 2003, 2004, 2005, 2006, 2009
Philharmonisches Orchester des Theaters Plauen-Zwickau   2014
Philharmonisches Orchester Heidelberg   2002, 2012, 2014, 2016
Philharmonisches Staatsorchester Mainz   2000, 2003, 2005, 2007, 2012, 2013, 2014,
    2015

Philharmonisches Orchester Regensburg   2002, 2004
Philharmonisches Orchester Vorpommern   2005
Prague Philharmonia   2001
Pretoria Chamber Players   1997
Radio Symphony Orchestra Ljubljana   2005
Radio-Sinfonieorchester Stuttgart des SWR   1998, 2002, 2003, 2010
RIAS Jugendorchester   1999
Robert-Schumann-Philharmonie   1994
Rundfunksinfonieorchester Athen   1998
Schleswig-Holsteinisches Sinfonieorchester 2008, 2009, 2012, 2014
Scottish Chamber Orchestra   1996
Sinfonieorchester Aachen   2009
Sinfonieorchester Wuppertal   1995
Staatskapelle Halle   1993, 1994, 1995, 1996, 1997, 1998, 1999, 2000, 2001, 2003
Staatsoperette Dresden   2014, 2016
Staatsorchester Kassel   1994, 2001, 2003, 2004
Staatsorchester Rheinische Philharmonie   1993, 1995, 1996, 1998, 2000, 2002, 2005,
    2006, 2007, 2008, 2009, 2010, 2011, 2012, 2013, 2014, 2015
Stuttgarter Philharmoniker   1995, 1996, 2008
Südwestdeutsche Philharmonie Konstanz   2009, 2010, 2011, 2012, 2015
Sinfonieorchester Münster   1996, 1998, 1999, 2001, 2002, 2005, 2006, 2007
Symphonieorchester des Bayerischen Rundfunks   1997
Symphonisches Orchester des Landestheaters Detmold   2000, 2001, 2002, 2016
Theater Vanemuine Tartu   2006, 2007, 2008, 2009, 2010, 2011, 2012, 2013, 2015, 2016
Thüringen Philharmonie Gotha (früher Landessinfonieorchester Thüringen Gotha
    und Thüringen Philharmonie Suhl)   1991, 1992, 1993, 1994, 1995, 1997, 1998, 1999,
    2000, 2001, 2002, 2004, 2005, 2006, 2007, 2012, 2013
Thüringer Symphoniker Saalfeld-Rudolstadt   2011, 2013
Thüringisches Kammerorchester Weimar   1992, 1994, 1996
Vogtland Philharmonie Greiz/Reichenbach   1997, 1999
WDR Sinfonieorchester (früher Kölner Rundfunk-Sinfonie-Orchester)   1999, 2001,
    2002, 2013, 2016
Württembergische Philharmonie Reutlingen   1997, 1998, 1999, 2004, 2006, 2007, 2009,
    2014

Künstlerische Leiter der Dirigierkurse

George Alexander Albrecht, Marc Albrecht, Pavel Baleff, Hans Dieter Baum, Rasmus
Baumann, Hermann Bäumer, Heribert Beissel, Golo Berg, Karl-Heinz Bloemeke, Her-
bert Blomstedt, Andrey Boreyko, Marcus Bosch, Frans Brüggen, Sylvain Cambreling,
John Carewe, Lutz de Veer, Hans Drewanz, Sian Edwards, Christian Ehwald, Gabriel
Feltz, Ivan Fischer, Claus Peter Flor, Matthias Foremny, Georg Fritzsch, Johannes
Fritzsch, Reinhard Goebel, Czesław Grabowski, Howard Griffiths, Peter Gülke,
Russell N. Harris, Wolf-Dieter Hauschild, Günther Herbig, Will Humburg, Kristjan
Järvi, Hans Herbert Jöris, Gunter Kahlert, Thomas Kalb, Johannes Kalitzke, Toshiyu-
ki Kamioka, Kenneth Kiesler, Dmitrij Kitajenko, Eri Klas, Bernhard Klee, Ekkehard
Klemm, Christian Kluttig, Olaf Koch, Lothar Koenigs, Lutz Köhler, Siegfried Köhler,
Bernhard Kontarsky, Steffen Leißner, Marko Letonja, Fabio Luisi, Lorin Maazel, Paul
Mägi, Jun Märkl, Stefan Malzew, Kurt Masur, Manfred Mayrhofer, Colin Metters,
Ingo Metzmacher, Rainer Mühlbach, Günter Neuhold, Horst Neumann, Sir Roger
Norrington, Eiji Oue, Jorma Panula, Nicolás Pasquet, Roberto Paternostro, Reinhard

Petersen, Romely Pfund, Marc Piollet, Max Pommer, Christoph Poppen, Markus Poschner, Lutz Rademacher, Daniel Raiskin, Rolf Reuter, Heinz Rögner, Volker Rohde, Catherine Rückwardt, Guido Johannes Rumstadt, Kurt Sanderling, Jukka-Pekka Saraste, Johannes Schlaefli, Georg Schmöhe, Michael Schoenwandt, Andreas Schüller, Klauspeter Seibel, Roland Seiffarth, Lothar Seyfarth, Christian Simonis, Steven Sloane, Marc Soustrot, Mark Stringer, Christian Tetzlaff, Stephan Tetzlaff, Thomas Ungar, Jac van Steen, Lucas Vis, Bernhard Wambach, Wolfgang Wappler, Oliver Weder, Sebastian Weigle, Bruno Weil, Ulrich Windfuhr, Helmuth Wünnenberg, Hans Zender

Juroren

George Alexander Albrecht, Gerd Albrecht, Marc Albrecht, Klaus Arp, Nikos Athinäos, Philippe Bach, Pavel Baleff, Hans-Dieter Baum, Rasmus Baumann, Hermann Bäumer, Rolf Becker, Heribert Beissel, Giordano Bellincampi, Golo Berg, Karl-Heinz Bloemeke, Rüdiger Bohn, Per Borin, Marcus Bosch, Gerhard Bosse, Siegwald Bütow, Wilhelm Burmester, John Carewe, Evan Christ, Hans Drewanz, Christian Ehwald, Günter Einhaus, Roger Epple, Claus Peter Flor, Matthias Foremny, Georg Fritzsch, Johannes Fritzsch, Ferenc Gábor, Udo Gefe, Ulrich Görg, Pirmin Grehl, Howard Griffiths, Cornelius Grube, Peter Gülke, Wolfgang Hagen, Russell N. Harris, Wolf-Dieter Hauschild, Lucius A. Hemmer, Will Humburg, Hans Herbert Jöris, Gunter Kahlert, Thomas Kalb, Toshiyuki Kamioka, Hartmut Karmeier, Dmitrij Kitajenko, Ekkehard Klemm, Christian Kluttig, Lutz Köhler, Jörg Königsdorf, Bernhard Kontarsky, Mihkel Kütson, Sayako Kusaka, Louwrens Langevoort, Steffen Leißner, Ulrike Liedtke, Stefan Malzew, Gerhard Markson, Colin Metters, Rainer Mühlbach, Christoph-Mathias Mueller, Sir Roger Norrington, Jorma Panula, Nicolás Pasquet, Roberto Paternostro, Reinhard Petersen, Romely Pfund, Marc Piollet, Nikolaus Pont, Hans Martin Rabenstein, Daniel Raiskin, Hansjoachim Reiser, Andreas Richter, Guido Johannes Rumstadt, Michael Sanderling, Johannes Schlaefli, Klauspeter Seibel, Lothar Seyfarth, Christian Simonis, Julia Spinola, Matthias Sträßner, Lothar Strauß, Mark Stringer, Jac van Steen, Gerd Uecker, Thomas Ungar, Hendrik Vestmann, David de Villiers, Roland Wambeck, Jörg-Peter Weigle, Bruno Weil, Ulf Werner, Ulrich Windfuhr, Gernot Wojnarowicz, Dirk Wucherpfennig, Lothar Zagrosek

Pianisten

Constanze Beck, Sebastian Beckedorf, Markus Bellheim, Matthias Böhringer, Sigurd Brauns, So Young Chang, Hubert Dapp, Sabine Eberspächer, Christoph Eichhorn, Sabine Fenske, Susanne Fiedler, Maria Fitzgerald, Clemens Flick, Giulia Glennon, Moritz Gnann, Holger Groschopp, Adrian Heger, Hendrik Heilmann, Cornelius Heine, Annemarie Herfurth, Volker Hiemeyer, Heiko Holtmeier, Otto Honeck, Christian Hornef, Piotr Kaczmarczyk, Hartmut Keil, Hans-Peter Kirchberg, Wolfgang Kluge, Larissa Kondratjewa-Schmiedel, Boris Kusnezow, Markus Lafleur, Erika le Roux, Georg Leiße, Christoph Lichdi, Johanna Malangré, Philip Mayers, Karl-Heinz Müller, Massimo Parise, Nikolai Petersen, Paul Plummer, Hanna Margarete Putzke, Stephan Rahn, Johannes-Erdmann Ruddies, Alevtina Sagitullina, Reinhard Schmiedel, Norbert Schmitz, Karen Schulze-Koops, Timothy Schwarz, Samuele Sgambaro, Naomi Shamban, Constanze Smettan, Uwe Sochaczewsky, Jekaterina Sonntag, Hans Sotin, Kiril Stankow, Oliver Stapel, Sigmar Steddin, Alexander Stessin, Christoph Stiller, Florian Stricker, Friedrich Suckel, Shi-Yeon Sung, Saori Tomidokoro, Christian van den Berg, Stefan Veselka, Alexander Vitlin, Arno Waschk, Witolf Werner, Johannes Zimmermann, Ulrich Zippelius

Solisten

VIOLINE Jermolaj Albiker, Alexej Barchevitch, Helena Berg, Oscar Ruben Bohórquez, Karina Buschinger, Yun-Jin Cho, Heather Cottrell, Julian Dedu, Anna-Sophie Ehinger, Cordula Eitrich, Andreas Feldmann, Clémence de Forceville, Ingo Geppert, Alexander Gilman, Ewa Graba, Yasushi Ideue, Judith Ingolfsson, Angela Jaffé, Byol Kang, Yuliya Kopylova, Dalia Kuznecovaite, Maximilian Lohse, Elisabeth Marasch, Cordula Merks, Priya Mitchell, Lena Neudauer, Feng Ning, Aiko Ogata, Hyeyoon Park, Albrecht Rau, Thomas Reif, Katrin Scholz, Kristian Schwertner, Konradin Seitzer, Ilja Sekler, Michail Sekler, Thomas Timm, Ernst Triner, Riyo Uemura, Sylvia-Elisabeth Viertel, Elisabeth Weber, Antje Weithaas, Hellen Weiß, Katharina Weiß, Oliver Wille, David Yonan. VIOLA Wolf Attula, Liv Bartels, Dorothea Jende, Sebastian Klinger, Atsushi Komatsu, Nils Mönkemeyer, Wolfgang Emanuel Schmidt, Birgit Steinbach, Dorothea Stockmann, Wen Xiao Zheng. VIOLONCELLO Beate Altenburg, Nicolas Altstaedt, Norbert Anger, Reinhard Bellmann, Allan Bergius, Laura Buruiana, Christian Edelmann, Isang Enders, Joachim Goldmann, Andreas Graf, Emanuel Graf, Katharina Groß, Arthur Hornig, Maximilian Hornung, Johannes Krebs, Maciej Kułakowski, Jens Peter Maintz, Rebekka Markowski, Joachim Müller, Felix Nickel, Alexander Oganesow, Mario Riemer, Janina Ruh, Michael Sanderling, Julian Steckel, Veronika Wilhelm. KONTRABASS Nabil Shehata, Silvio Dalla Torre. FLÖTE Wally Hase. OBOE Sandra Schumacher. KLARINETTE Susann Johst, Akiko Kono, Annette Konrad, Thomas Reimann. FAGOTT Emiko Kaneda, Amrei Liebold. SAXOPHON Koryun Asatryan. HORN Alex Goncalves. POSAUNE Helge von Niswandt. KLAVIER Markus Becker, Markus Bellheim, Halina Bertram-Jancikova, Emre Elivar, Gerald Fauth, Alessandra Gentile, Stewart Goodyear, Susanne Grützmann, Daniel Heide, Heidrun Holtmann, Roxana Ionescu, Hiroshi Ishizaka, Robert Jacob, Sarah Soyeon Kim, Susanne Kirchherr, Matthias Kirschnereit, Tilmann Krämer, Boris Kusnezow, Ellen Lee, Hwa-Kyung Lee, Igor Levit, Wayne Marshall, Rudolf Meister, Janis Pfeifer, Sebastian Plate, Bianca Sitzius, Tomoko Takeshita, Annika Treutler, Marioara Trifan, Olesya Urusova, Alexander Vitlin, Yui Yasuhara, Hwan-Hee Yoo. ORGEL Christian Schmitt. CEMBALO Leon Berben. GITARRE Steffen Glück, Franz Xavier Hartmann, Jürgen Heidecker, Martin Steuber. MARIMBAPHON Jamie Lawrence Adam, Ritsuko Okuma. SÄNGER Hans-Georg Ahrens, Sa-Hoon An, Kostadin Arguirov, Birgit Auweiler, Guido Baehr, Yoon-Ki Baek, Verena Barth-Jurca, Brigitte Bauma, Rosemarie Beisert, Susanne Beyer, Daniel Böhm, Sebastian Bollacher, Jaqueline Borchart, Adelheid Brandstetter, Isabell Bringmann, Malin Byström, Carmela Calvano-Forte, Jayne Casselman, Ill-Hoon Cho, Sung Jin Choi, Nanette Cofflet, Brent Damkier, Monika Dehler, Peter Diebschlag, Engjellushe Duka, Sally DuRandt, Fabian Egli, Anne-Kathrin Fischer, Carole FitzPatrick, Yvon Füssel-Harris, Sven Fürst, Beate Gabriel, Betty Garces-Bedoya, Cornelia Götz, Susan Gouthro, Susann Günther, Gerit Ada Hammer, Heinz Hartel, Johannes Harten, Jusso Hemminki, Folker Herterich, Bénédicte Hilbert, James Homann, Namwon Huh, Brigitte Jäger, Gilljong Jang, Mi Soon Jang, Jon Ho Joo, Fabienne Jost, Sharleen Joynt, Sabine Kallhammer, Miriam Kaltenbrunner, William Killmeier, Sang-Youf Kim, Werner Kraus, Katja Kriesel, Carolina Krogius, Jeffery Krueger, Karsten Küsters, Hiltrud Kuhlmann, Judith Kuhn, Katharina Leitgeb, Maria Leyer, Markus Liske, Peter Lodahl, Anne Lünenbürger, Petra Mans, Hilmar Meier, Iva Mihanovic, Milko Milev, Rinnat Moriah, Sachiko Muta-Kawashima, Hye-Sung Na, Sabine Noack, Ruth Ingeborg Ohlmann, Albrecht Pöhl, Renata Pokupic, Esther Puzak, Andreas Rainer, Heikko Reissig, Radoslaw Rydlewski, Jörg Sabrowski, Johann Saeversson, Siegfried Schmidt, Timothy Sharp, Jorma Silvasti, Hye-Soo Sonn, Elvira Soukop, Maria Soulis, Wilfried Staber, Tim Stekkelies, Kristen Strejc, Theo van Gemert, Alexej Vavilov, Dorothee Velten, Anja Vincken, Marino Virgilio, Gerd Vogel, Astrid Weber, Rainer Weiß, Elisabeth Whitehouse, Cornelia Wosnitza, Lilli Wünscher, Daniela Zanger, Georg Zeppenfeld.

Förderzweig Chordirigieren

Stipendiaten des Dirigentenforums

Marco Amherd	seit 2016	
Maria Benyumova	2008–2011	
Stelios Chatziktoris	2013–2015	
Hsin-Chien Chiu	seit 2014	
Eun Hye Cho	2012–2014	
Lorenzo da Rio	2011–2013	
Lukas Grimm	2011–2016	
Benedikt Haag	2013–2015	
Ines Kaun	seit 2013	
Johannes Köhler	seit 2015	
Markus Landerer	2008–2011	
John Lidfors	seit 2015	
Tobias Löbner	2008–2014	
Christian Meister	2011–2016	
Judith Mohr	seit 2016	
Manuel Pujol	2010–2014	Deutscher Chordirigentenpreis 2014
Hannes Reich	2011–2016	Deutscher Chordirigentenpreis 2016
Maria Rodriguez Luengo	2011–2013	
Johannes Stolte	seit 2015	
Alexey Vasilenko	2009–2011	
Viktoriia Vitrenko	2014–2016	
Cornelius Volke	2009–2014	
Yuval Weinberg	seit 2014	
Kota Yanagishima	seit 2015	
Yuman Xiao	2011–2013	
Mihaly Menelaos Zeke	2012–2015	

Mitwirkende Chöre

Bachchor Mainz   2016
Chor der Deutschen Oper Berlin   2014
Chor der Oper Frankfurt   2014, 2015
Chor der Wiener Staatsoper   2014
ensemberlino vocale Berlin   2008, 2009, 2010, 2011, 2014, 2015, 2016
Frankfurter Kantorei   2011, 2012
Freiburger Kammerchor   2010
Gächinger Kantorei   2014, 2016
Junges Vokalensemble Hannover   2014
KammerChor Saarbrücken   2010, 2012, 2015
Kammerchor der HfMDK Stuttgart 2013, 2014
MDR Rundfunkchor   2011, 2013, 2014, 2016
NDR Chor   2010, 2011, 2013, 2015
Philharmonischer Chor Berlin   2008, 2009, 2010, 2011, 2012, 2013, 2014, 2015
RIAS Kammerchor   2008, 2012, 2013, 2014, 2015, 2016
Rundfunkchor Berlin   2012, 2016
Sächsischer Staatsopernchor Dresden 2016
Singakademie Dresden e. V.   2009, 2012, 2015, 2016
Staatsopernchor Stuttgart   2009, 2011, 2014

Studiochor Freiburg   2010
WDR Rundfunkchor   2014

Künstlerische Leiter der Dirigierkurse

Phillipp Ahmann, Michael Alber, Jörn Hinnerk Andresen, Howard Arman, Peter Dijkstra, Michael Gläser, Georg Grün, Maria Guinand, Simon Halsey, Ekkehard Klemm, Johannes Knecht, Matthias Köhler, Thomas Lang, Gijs Leenaars, Tilman Michael, Stefan Parkman, Kaspars Putniņš, Hans-Christoph Rademann, William Spaulding, Jos Van Veldhoven, Jörg-Peter Weigle

Juroren

Michael Alber, Jörn Hinnerk Andresen, Celso Antunes, Cornelia Bend, Matthias Brauer, Eleonore Büning, Joachim Buhrmann, Klaus-Jürgen Etzold, Eberhard Friedrich, Jörg Genslein, Michael Gläser, Georg Grün, Volker Hempfling, Bernhard Heß, Ingolf Horenburg, Ruth Jarre, Sigvards Klava, Ekkehard Klemm, Matthias Köhler, Thomas Lang, Tilman Michael, Andrew Ollivant, Ralf Otto, Stefan Parkman, Grete Pedersen, Anja Petersen, Hans-Christoph Rademann, Hans-Hermann Rehberg, Denis Rouger, Wolfgang Schäfer, Manfred Schreier, Reiner Schuhenn, Morten Schuldt-Jensen, William Spaulding, Winfried Toll, Sabine Vorwerk, Wolfgang Weber, Jörg-Peter Weigle, Christian Wildhagen

Pianisten

Felix Benkartek, Matthias Böhringer, Siegurd Brauns, Yonatan Cohen, Martin Dietterle, Sabine Fenske, Lutz Gillmann, Holger Groschopp, Andreas Großberger, Adrian Heger, Christoph Heinig, Heiko Holtmeier, Werner Hagen, Otto Honeck, Jia Jia, Hae-Jung Kim, Soung-Zin Kim, Katrin Klemm, Moshe Landsberg, Andreas Lisius, Davide Lorenzato, Petra Morath-Pusinelli, Philip Mayers, Nikolai Petersen, Jarkko Riihimäki, Daniel Roos, Alexander Stessin

Mitglieder des Beirats Dirigentenforum

Michael Alber	2007–2014
Marc Albrecht	2001–2010
Prof. Hans-Dieter Baum	1999–2005
Rolf Beck	1992–1996
Rolf Becker	seit 1992
Marcus Bosch	seit 2014
Dr. Andreas Eckhardt	1992
Claus Peter Flor	1994–2005
Prof. Dr. Peter Gülke	1992–2007
Prof. Klaus Hashagen	1992–1994
Prof. Wolf-Dieter Hauschild	1994–2005
Bernhard Heß	seit 2007
Will Humburg	seit 2001
Prof. Gunter Kahlert	2001–2007
Hartmut Karmeier	seit 2006
Prof. Dr. Eckart Lange	2003–2005

Louwrens Langevoort   seit 2006
Dr. Ulrike Liedtke   2001–2002
Dr. Klaus Volker Mader   seit 2009
Nikolaus Pont   seit 2014
Romely Pfund   2001–2014
Hansjoachim Reiser   1992–2005
Hans-Christoph Rademann   seit 2014
Dr. Jörg Riedlbauer   2003–2008
Prof. Heinz Rögner   1992
Prof. Dr. Frank Schneider   1999–2002
Prof. Klauspeter Seibel   1992, 1994–2000
Ingrid Schrader   2011–2014
Prof. Gerd Uecker   seit 2006
Prof. Jörg-Peter Weigle   seit 1992
Lothar Zagrosek   seit 2006

Projektleiter des Dirigentenforums

Klaus Harnisch   1991–1999
Andreas Bausdorf   1999–2010
Andreas Flohr   2010
Andrea Meyer-Borghardt   seit 2011

Förderer des Dirigentenforums

Das Dirigentenforum wird überwiegend gefördert durch die Beauftragte der Bundes-
regierung für Kultur und Medien sowie durch die Kulturstiftung der Länder.
Darüber hinaus wird das Dirigentenforum gefördert durch:
Gesellschaft zur Verwertung von Leistungsschutzrechten
Deutsche Orchestervereinigung
Deutsche Orchesterstiftung
Deutscher Bühnenverein
Vereinigung deutscher Opernchöre und Bühnentänzer e. V.
Goethe-Institut
Verlag Bärenreiter
Verlag Breitkopf & Härtel
Verlag Carus
Hermann-Hildebrandt-Stiftung
Ernst-von-Schuch-Familienstiftung

Weitere Förderer des Dirigentenforums in den vergangenen Jahren waren:
BHF-Bank-Stiftung
DAIMLER AG
Ernst von Siemens Musikstiftung
Eugen-Jochum-Gesellschaft e. V.
Herbert von Karajan Stiftung
Jürgen-Ponto-Stiftung
Pro Musica Viva / Maria Strecker-Daelen Stiftung
SCHOTT Music
ZEIT-Stiftung Ebelin und Gerd Bucerius
ZONTA

Anmerkungen

MICHAEL ERNST: »Auf der Bühne hast du Wunder zu bewirken«. Dirigenten über (Um-)Wege ans Pult und magische Momente

1   Vgl. Kläre Warnecke: Christian Thielemann. Ein Porträt, Berlin 2003.
2   Kurt Masur im Gespräch mit dem Autor, 2. Dezember 2012.
3   Herbert Blomstedt im Gespräch mit dem Autor, 23. März 2016.
4   Michael Sanderling im Gespräch mit dem Autor, 5. März 2016
5   Vladimir Jurowski im Gespräch mit dem Autor, 19. März 2016.
6   Omer Meir Wellber im Gespräch mit dem Autor, 12. Februar 2016.
7   Sebastian Weigle im Gespräch mit dem Autor, 4. März 2016.

TERESA PIESCHACÓN RAPHAEL: »Oh man, it's a girl!« Frauen am Pult

1   Elke Mascha Blankenburg: Dirigentinnen im 20. Jahrhundert, Hamburg
    2003, S. 16.
2   Anke Steinbeck: Jenseits vom Mythos Maestro, Köln 2010, S. 9, 97.
3   Norman Lebrecht: Der Mythos vom Maestro, Zürich u. St. Gallen 1991,
    S. 289.
4   Steinbeck, ebd., S. 41.
5   Karen Kamensek am 7. 3. 2010 in: http://www.taz.de/!5146405/
6   Mirga Gražinytė-Tyla im Interview mit der Autorin, 2016.
7   Steinbeck, ebd., S. 68.
8   Ebd., S. 71.
9   Marin Alsop am 24. 11. 2015 in: http://www.chicagotribune.com/entertain
    ment/music/vonrhein/ct-classical-alsop-ent-1125-20151124-column.html.
10 Marta Gardolinska am 3. 11. 2015 in: http://www.spiegel.de/karriere/berufs
    leben/wenn-frauen-orchester-fuehren-dirigentinnen-sind-selten-a-
    1049120.html.
11 Blankenburg, ebd., S. 27.
12 Ebd.
13 Ebd., S. 105.
14 http://www.theguardian.com/music/2013/sep/06/marin-alsop-proms-
    society-women-authority-roles.
15 Marin Alsop am 6. 9. 2015 in: http://www.theguardian.com/music/2015/
    sep/06/marin-alsop-last-night-of-the-proms-interview-2015-fiona-mad
    docks.
16 Blankenburg, ebd., S. 21.
17 Joana Mallwitz am 20. 8. 2013 in: http://www.fr-online.de/kultur/opern-
    dirigentin-joana-mallwitz--man-kann-musikern-kompetenz-nicht-vor
    spielen-,1472786,24059408.html.
18 Steinbeck, ebd., S. 119.

19 Kristiina Poska in: http://www.zeit.de/2013/25/dirigentinnen-klassik-taktstock.

20 Anu Tali im Interview mit der Autorin, 2012.

21 Eckhard Roelcke: Der Taktstock, Wien 2000.

22 Catherine Rückwardt am 31.1.2011 in: http://www.sensor-magazin.de/2x5-interview-mit-catherine-ruckwardt.

23 http://www.swr.de//id=12806122/property=download/nid=659552/103pceq/swr2-musikstunde-20140312.pdf.

24 Emmanuelle Haïm 2007 in: http://www.kultiversum.de/Musik-Partituren/Interview-Ich-bin-ziemlich-stur.html.

25 Steinbeck, ebd., S. 140–156.

26 Ebd., S. 153.

27 http://www.zeit.de/2013/25/dirigentinnen-klassik-taktstock.

28 Simone Young – Die Dirigentin. Ein Porträt von Ralf Pfleger, Hamburg 2006, S. 206.

29 http://www.zeit.de/2013/25/dirigentinnen-klassik-taktstock.

30 Steinbeck, ebd., S. 93.

31 Anu Tali im Interview mit der Autorin, 2009.

32 http://www.zeit.de/2013/25/dirigentinnen-klassik-taktstock/seite-2.

33 http://www.kultiversum.de/Musik-Partituren/Essay-.-den-zweiten-Teil-im-Abendkleid.html?p=2.

34 https://staatstheaterdarmstadt.wordpress.com/2013/10/02/dirigentin-aus-leidenschaft/.

35 Alondra de la Parra im Interview mit der Autorin, 2014.

36 Ebd.

37 Xian Zhang am 1.12.2015 in: http://www.theguardian.com/music/2015/dec/01/xian-zhang-bbc-first-woman-principal-guest-conductor-now-national-orchestra-of-wales-interview.

OLAF ROTH: Pultlöwe trifft Rampensau. Über das schwierige Verhältnis von Sängern und Dirigenten

1 Die Aufnahme fliegt auf einer goldenen Schallplatte seit August 1977 an Bord der Raumsonde Voyager 2 durch die Weiten des Weltalls.

SUSANNE VAN VOLXEM: »Echte Talente setzen sich immer durch«. Manager und Macher hinter den Kulissen

1 Unter dem Begriff »Kulturorchester« werden alle Konzert-, Rundfunk- und Opernorchester gefasst, die überwiegend »ernst zu wertende Musik« spielen und öffentlich (aus Steuermitteln oder Rundfunkgebühren) finanziert werden (Quelle: http://www.dov.org/Orchesterlandschaft.html, Stand: Februar 2016).

Die Autoren

Dr. Sabine Bayerl ist Mitherausgeberin mehrerer Monologe-Bände für Schauspieler sowie von »Das TAT. Das legendäre Frankfurter Theaterlabor«. Sie ist außerdem als Lektorin und Übersetzerin tätig und hat als Musikdramaturgin gearbeitet.

Michael Ernst arbeitete viele Jahre im Opern- und Festspielbereich und wirkt als Musikjournalist für verschiedene Printmedien und Radiosender. Er hat u. a. die Biografie des Dirigenten Michail Jurowski veröffentlicht.

Jürgen Otten, derzeit Dramaturg am Staatstheater Kassel, ist ausgebildeter Pianist und war lange als Musikautor u. a. für die *Frankfurter Allgemeine Zeitung* (»Berliner Seiten«), die *Frankfurter Rundschau* sowie die *Opernwelt* tätig. Er hat ein Buch über große Pianisten sowie die Biografie von Fazil Say veröffentlicht.

Teresa Pieschacón Raphael ist freie Musik- und Kulturpublizistin in München. Ihre Schwerpunkte sind Interviews, Porträts, CD-/Buch-Rezensionen, Booklets und Konzertprogrammhefte. Sie veröffentlicht regelmäßig in *Crescendo, Concerti, VOGUE, ARTE-Magazin* und beim *Konzerthaus Dortmund*.

Dr. Olaf Roth ist Pressesprecher der Staatsoper Hannover und außerdem als literarischer Übersetzer und Autor tätig. Er hat zwei Opernwerkeinführungen sowie mehrere Artikel für die Neuausgabe des HANDBUCHS DER OPER verfasst.

Michael Schwalb, gelernter Cellist und Orchestermusiker, war beim Bayerischen Rundfunk, beim SDR Stuttgart und beim WDR in verschiedenen Funktionen im Bereich Musikmanagement tätig. Heute ist er Musikredakteur beim WDR 3 und in Sachen Musik regelmäßig vortragend, schriftstellernd oder herausgeberisch tätig.

Susanne Van Volxem, langjährige Programmleiterin des Henschel Verlags, schreibt Sachbücher, Reportagen und historische Romane und hat u. a. die Biografie von Martha Argerich sowie die Autobiografie von Midori übersetzt. Sie arbeitet außerdem programmatisch für die Frankfurter Buchmesse sowie als Fundraiserin.